大美漢字

大美汉字

徐超 著

广西师范大学出版社
GUANGXI NORMAL UNIVERSITY PRESS
·桂林·

目录

前言

一、写作宗旨

汉字文化是中华文化中的核心性、基础性文化。古汉字是汉字文化的源头，其中的甲骨文和金文更是中华远古文化的化石，而用它们记录的文辞则是中华古老文化的重要载体。2017年11月24日，甲骨文顺利通过联合国教科文组织世界记忆工程国际咨询委员会的评审，成功入选《世界记忆名录》。这是甲骨文应该得到的礼遇，是中华文化和中华儿女的骄傲，更提醒我们应该肩负起普及古汉字教育的责任。

本书旨在普及古汉字文化，主要解释甲骨文和金文。书中展示了一批甲骨文与金文字形，同时还给出了关于这些字形的简明解说，读者可从中领略古汉字之美，了解深藏其中的文化秘密，实际感受鲜活的文明记忆，进而从中体会汉字之美不仅美在形体，更是美在文化，美在智慧。

冯友兰先生的读书方法是十二个字：精其选，解其言，知其意，明其理。[1]

[1] 冯友兰：《冯友兰读书与做人》，北京：国际文化出版公司，2011年，第3页。

沈从文先生的古代文物研究被人看成是"抒情考古学"。他研究的是物，但"他看到的是人，人的聪明，人的创造，人的艺术爱美心和坚持不懈的劳动"[1]。本书的写作遵循这两位学界前辈的思路，尽量化深奥为平易，化繁杂为简明，并在此基础上，力求引导读者通过书中知识，感受先民的勤劳、智慧和创造力，进而对传统文化产生兴趣，激发自身的创新思维和创造精神。同时，书中关于汉字个案的分析，也暗含着语言文字发展变化的一些基本规律，可引发读者进一步思考。

有人将未知世界画成一个黑色的球，而已知部分不过是划过其中的一条白色细线。谁能突破这条细线，谁就有机会触及未知世界。这固然是说突破之难，但同时也意味着人人都有机会发现和突破。有人说古汉字考释主要靠猜，但其实真正靠的是学问，而学问是个无底洞，所以本书鼓励学习、研究、质疑、探秘，并鼓励将此精神推广至所有知识领域。笔者认为，有时学习和研究的过程，可能比从中获得具体的知识和结论更加重要。

二、体例说明

（一）本书分上编和下编。上编专为初学者设计，题为"古汉字入门浅

[1] 汪曾祺：《沈从文的寂寞》，《读书》1984年第8期，第69页。

谈”，带有导读和总论的性质。其中涉及的汉字，大多附有简明的解释。下编题为“一百个古汉字浅解”，每个汉字单独作为一个条目，分别列出其部分甲骨文、金文的原始字形，其后附录小篆字形。此下则是以甲骨文和金文的字形为基本依据，解释每个字的构形意义和构形方法，说明其本义、引申义和假借义，必要时也说明其在卜辞、铭文中的用法，部分条目还附带解释了少量与被解释字相关的其他字。

（二）本书的内容主要是为了实现如下四个基本目的：1.文字作为孤立的字存在时，要学会通过构形分析，解决识字的问题。2.文字作为文献中的词存在时，要懂得其在具体语境中的实际意义，即词义，进而认识词义演变规律，解决释词的问题。3.通过考察汉字的演变轨迹，逐步认识汉字构形和字体演变的基本规律，解决书写或书法的问题。4.通过古汉字构形分析，了解暗含其中的文化信息，以及先民在造字、用字过程中展现的智慧和创造精神，解决文化的问题。

（三）本书以被解释字作字头，按音序排列。为了便于读者理解古汉字的构形意义，凡是有繁体字的字头，一律在其后括注繁体字。但在个别情况下，也括注文献习用的古文字隶定字形，如“和（龢）”，括注的是古体字。行文中遇到简体字不足以说明构形意义的情况时，也会括注繁体字或古体字。较为冷僻的字则在其后括注今音。

（四）本书所选字形力求准确，一般选用原始字形。字形较多的则力求多样性，还酌情收录了一些春秋战国时代的装饰性文字，以便让读者更好地了解古人在文字造型上表现出来的艺术才华，彰显汉字的艺术之美。但基本字形依旧是主体，一般排在最前或较前的位置；特殊或偶见字形，一般排在最后或较后的位置。甲骨文字形一般按构形类型排序。金文字形主要按时代、风格或构形类型排序。书中金文字形选录偏多，除了便于解释构形意义，也是考虑到书法爱好者的需要——因为金文结构严谨，类型丰富，风格多样，堪称古汉字书法的经典样本，而其数量尤其庞大，更称得上是中华古老书法的经典宝库。

（五）本书下编收录的一百个被释字，都附有作者以金文或金文风格创作的单字书法。单字书法仅供初学者参考，如读者有学习古汉字书法的意愿，应当从临摹原始字形做起。单字书法独占两个页码是为了方便取出装订、装裱或装框。为了美观和体现“作品”的完整性，在单字书法的左下角盖印以代表书者落款，印文有静斋、三籁堂、三摩帝书屋三种，都是作者的斋号。“三籁”是指天籁、地籁、人籁，作者用作堂号是取法自然的意思。“三摩帝”实际是梵语“三昧”的另外一种译法，作者用为书屋的名称是取读书做学问都要息虑凝心的意思，与“静斋”意义相近。

（六）为方便理解，现将贯穿全书的重要术语解释如下：

“初文”指一个字最早或早期的字形，通常也指表示本义或基本义的词形。

“象形”指象形字，其中也包括合体象形字。文字学著作常将“象形”说成“象某某之形”，而不用“像”。

“指事字”一般指加指示性符号的字。

“会意”一般指会合二形或多形表示字义，有时也说成“会某某之意”。

“假借”一般是从文字学用字角度而言，比如表示其他的“其”，甲骨文写作，本是畚箕的象形，后世写作“箕”。

“通某”“通假”“读如某”一般是就文献用字角度而言，比如古籍里表示功劳的“功”有时也写作“公”，“公”没有“功劳”的意义，只是临时把“公”当作“功”使用一下而已。这种情况放到现在就是写了个错别字，但在古文献里很常见。

“形声字”的一般说法是“从甲，乙声”，指甲为意符，乙为声符。我们说意符、声符，实际已经说明它们的本质就是“符号”，与独立的“文字”有本质上的区别。所以，意符字表示的意义只能作为我们在探讨构形意义时的参考因素。由于上古音的真实情况至今难以明了，说“某声”或“某为声符”主要还是强调形声结构。对普通读者而言，想通过声符弄清古音，甚至弄清今音或古今音变，难度极大。

“从甲从乙，乙亦声”，一般指该字合甲乙而会意，乙兼声符。“从甲从乙省，乙亦声”，一般指该字从甲，从乙形而有所省略，乙兼声符。有时也叫“省声”，即省去声符字的一部分。“兼声符”一般指这个声符字在构形中兼有表示意义的作用，即学者通常说的“声中有义”，如“娶”字所从的“取”，“懈”字所从的“解”。其实，“六书”或“四书”理论并不能完全适用于古汉字字形分析，但如果完全抛开这些术语又难以解说其构形意义。

“本义”一般指作为造字对象的词在当时的常用意义或基本意义。但要注意以下两种情况：首先，字形表示的意义（即构形意义）往往比字的本义要狭窄，所以，不能简单地把构形意义看成是字或词的本义。其次，造字可能往往是在这个词出现以后，所以，它表示的词义并不等同于这个词的原始意义。至于借用某一字形、字音表示的假借义，更与本义毫无关系。

“孳乳”一般指分化字、区别字或同源字。

“变易”一般指字形上的细微变化。

“隶变”指解散篆体以后，字形走向古隶的变化过程。一般认为，古隶是小篆的俗体。所谓“俗体”是相对官方正体而言的，实际就是一种简便快捷的实用性书写。古隶多出自下层掌管文书官员之手，也叫“佐书”或“左书”，“佐”与“左”都有辅助的意思。“佐书”是说它能弥补篆书的不足，实际是篆书草化的产物。这些事实也说明，汉字字体演变是由群众书写推动的。隶变在汉字发展史上具有里程碑意义，因为汉字从此逐步走上了今汉字（广义的现代汉字）的历史新阶段。

“隶定”一般指将古汉字字形楷化，就是用今文字的结体方法写出古汉字，而不是描摹古汉字字形。

“或体”就是异体字。

“区别符号”一般指用在分化字上以区别于“母体”的符号。

“饰笔”也叫装饰符号，没有表意功能，有时也表现为新体的讹变或书写的随意性。

以上术语在书中也多有结合具体字例的随文解释。

三、参考文献

本书坚持以学术性为基本前提，书中的观点力求博览众家而审慎取舍，其中也间杂己见。写作时广泛参考和吸收了学界相关的学术成果，特别是最新的重大综合性研究成果。为保证引述简明，书中未逐一注明出处。

本书主要参考文献如下：

张世超等撰著《金文形义通解》，日本：中文出版社，1996年。

刘钊：《古文字构形学（修订本）》，福州：福建人民出版社，2011年。

黄德宽主编《古文字谱系疏证》，北京：商务印书馆，2007年。

李学勤主编《字源》，天津：天津古籍出版社，沈阳：辽宁人民出版社，2012年。

裘锡圭：《裘锡圭学术文集》，上海：复旦大学出版社，2012年。

裘锡圭：《文字学概要（修订本）》，北京：商务印书馆，2013年。

季旭昇：《说文新证》，台北：艺文印书馆，2014年。

本书甲骨文字形主要取自刘钊主编《新甲骨文编（增订本）》，福州：福建人民出版社，2014年。金文字形主要取自董莲池编著《新金文编》，北京：作家出版社，2011年。另有少量字形取自陈斯鹏、石小力、苏清芳编著《新见金文字编》，福州：福建人民出版社，2012年。

小篆字形取自北师大说文小篆字库。

上述著作和成果也大量吸取了前贤时哲的观点。在此，我谨向有关作者、编者以及无数未曾署名的学者致谢，是他们合力推动着学术的进步。

古汉字入门浅谈

上编

大美汉字，美在形体，美在结构，更美在文化，美在智慧。但如果不识字，就无从知道深含其中的这些美的秘密，就不会真正了解汉字之美，所以我们必须从识字起步。

初接触古汉字的人，看到面目生疏的字形时可能会一脸茫然，觉得个个都是天外来客。但我要在这里说的是，第一，不认识古汉字很正常。一个朋友多年不见，可能一时也无法马上辨认，何况几千年前从未谋面的事物呢？第二，古汉字也是汉字，老祖宗的基因依然存活在现代汉字里，只要我们稍加留意，就会发现古今汉字其实一脉相承，演变的情况完全有迹可循。要想研究出像样的成果当然不易，但若是说要学习识字，懂点古汉字文化，学一点古汉字书法，读一些古汉字文献，我看也不难。一开始或许会觉得无从下手，可一旦窥到其中深藏的文化秘密，恐怕就会欲罢不能，不觉进入痴迷之境。今天，我就给诸位初学者谈一点我的认识，希望与大家一起走进这个有趣的古汉字世界。

一、对汉字的几点认识

识字之前，我们有必要对汉字先有一个基本的了解，下面先谈三个问题。

（一）汉字是中华文明的旗帜

研究者认为，人类的历史大约在三百万至四百万年之间，成熟和成系统的汉字至少有三千年的历史，而如果追溯至其草创时期，则可能是在五千年以前。为了更简明地理解，我们不妨假定人类的历史为三百六十五万年，文字的历史为五千年，再将一万年算作一天，按这样的算法，人类的历史是一年，而一年当中，人类有三百六十四天半都是在当“睁眼瞎”，懂得利用文字只是最后半天的事。这样一想我们就知道，文字的历史对于人类的历史来说是多么短暂。

那么，人类历史上极为短暂的有文字时代，与漫长的无文字时代相比，其文明程度有什么不同呢？人类学家认为，人类通过使用工具改变自然，改变自己的生活，同时也改变着自己的头脑，这种主客体关系的改变过程“在原始社会的初期进行得极其缓慢。如果说生产力的发展在今天只要几十年就有着显著的变化，那末从人类对石块的初步打击到第二次加工，却至少经历了几十万或上百万年的历程，而这百万年的变化，还令人难以看到它明显的痕迹”[1]。在没有文字的时代，人类经年累月探索得来的点滴经验只能靠口耳相传，传播的时空和速度极其有限，所以文明前进的脚步非常缓慢，以至历经百万年也难以看到进步的痕迹。而文字产生之后，以前所未有的力量和速度推动着物质文明发展，同时改变着人类自身，进而推动社会文明走向更高的历史阶段。饶宗颐曾说："造成中华文化核心者是汉字，而且成为中国精神文明的旗帜"[2]，汉字对中华民族和中华文明的意义于此可知。

（二）汉字的特质

德国当代著名语言学家库尔马司说："汉字系统是在所有现存语言中，为历史最长、从未中断过的文化传统服务的书写系统。它是人类无可置辩的最伟大、最具特色的一种文化的重要组成部分。据赫尔利·克里尔[3]在其所著《汉语文字》（*Chinese Writing*, Herrlee G. Creel）中估计，截止到十八世纪中叶，中国所出版的书比世界上所有其他语言写成的书的总数还要多。汉字系统将过去和现在联系在一起，连续不断地使用汉字的时间已超过三千年之久，这一点是世界上任何别的文字系统都未能做到的。"[4]这段话是对汉字功绩的最好概括。

全世界语言的数量难以准确统计。据当代人研究，世界上绝大多数民族都没有产生过自己的文字。至今存活和使用的语言有五千六百五十一种，其

---

[1] 于民：《春秋前审美观念的发展》，北京：中华书局，1984年，第9页。

[2] 饶宗颐：《符号·初文与字母——汉字树》，香港：商务印书馆，1998年，第174页。

[3] 即顾立雅，美国著名汉学家。

[4] 转引自张恬《硅时代的〈仓颉篇〉》，《十月》1992年第2期，第115页。

中有影响的在五百种左右。在这五百种左右的语种中，又有三分之二以上的语种没有文字。[1]在现存影响最大的文字中，除汉字外基本都是拼音文字。汉字由最古老的表意文字延绵数千年而来，与汉字同样古老的其他文字早已死亡，唯有汉字一枝独秀，而且至今依然充满生机。究其原因，一方面是由汉语、汉字的特质决定的，另一方面也是由于它与中华民族血肉相依的关系决定的。

汉语言文字是多民族融合的产物。作为记录汉语的书写符号系统，汉字记载了中华民族五千年的文明，其形成过程熔铸了历代华夏人的社会生活、民族习惯，乃至道德意识、文化观念、思维特点等，形音义中打下了无数文化烙印，留下了无数令华夏后裔抚往追昔的故事。又因为汉字的表意性以及附带的大量标音成分，所以，用汉字记录的汉语书面语，一般都可以用统一的词义去理解，还可以用不同的方言来诵读。只要有一定文化水平，千年以前的古书甚至也能读懂，这对于其他文字来说是难以想象的。

汉字结构精巧，字体书体众多，表义凝练简约，读之朗朗上口，书之神采飞动，观之赏心悦目，解之回味无穷，甚或由书写上升为艺术，翰逸神飞令人神往，高韵深情尽在其中。

（三）从字体的角度看汉字的类型

汉字字体的演变可以分为两大历史阶段，即古文字阶段和今文字阶段。

[1] 蔡梗民摘《世上语言知多少》，《人民日报》1994年10月23日，第8版。

古文字阶段也可以叫篆书阶段，从商代开始到秦代结束。今文字阶段则是隶、楷阶段，从汉代开始至今。古文字包括甲骨文、金文以及战国时期东方一带的六国文字和西方秦系文字。甲骨文和金文主要盛行于商周时期，二者几乎是同时并行，不同的是，甲骨文是刻在龟壳或兽骨上的，大致可以归于俗体；春秋以前的金文一般都是铸在青铜器上，战国中期以后的金文一般都是刀刻，总体风格属于正体。六国文字是指西方秦国以外的东方（函谷关以东）各国文字。秦系文字指春秋战国时代的秦国文字和小篆。小篆本是由战国时代秦国文字的正体脱胎而来，《说文》中的九千多个小篆应该是秦系文字中最为系统的资料，但《说文》成书于东汉，所以小篆字形在传写中存在不少讹误。

从汉代开始，汉字全面进入了今文字时代。其中，两汉时代以隶书为主，草书为辅。汉末出现行书，紧接着又在行书基础上形成楷书。南北朝以后，楷书成为主流字体。需要说明的是，任何字体的形成都有一个过渡阶段，比如隶书其实早在秦代就已经盛行，它们由战国时代秦国文字的俗体脱胎而来，所以又称秦隶或古隶。两汉时代盛行的隶书通常叫汉隶。可见，说隶、楷阶段的“隶”实际是指汉隶。

从书写表现出来的形态看，古文字的书写大致经历了一个从图形化走向线条化的演变过程，今文字的书写则又逐步将线条转换成严整规范的笔画。

而在楷书通行的时代，本是辅助书体的行书和草书又在日常书写中被普遍运用，它们的笔画形态就更加丰富多彩了。

二、识字从基本字形开始

我们要认识古汉字，该从哪儿入手呢？我的想法是从古人入手的地方入手。怎么知道古人从哪儿入手呢？这当然主要靠合理推想，想想他们为什么要造字，然后再推想他们会怎么造字。

文字是文明发展到一定程度的产物。从语言角度而言，则是应实用之需而生。什么是“需”呢？合理的推测应该是这样：首先是人们在生活中遇到了一个要表达的意义，然后赋予这个意义一种语音形式，“意义”与“语音”就结合到了一起。这样的状况延续了一段非常长久的历史时间以后，人们发现光靠语音还不行，因为不能传久致远，于是想到要用一种看得见、抹不掉的东西去记录、传播。最大的可能是，最初人们想到的办法是做记号，比如前人说的“结绳而治”。进步一点的，是用锐器刻出或用颜色画出一个彼此可以明白意义的符号或图像，这可能就是刻画符号或者原始的图画文字。这些后世被称为刻画符号或图画文字的东西，实际只是补充了人脑记忆的一种形态，它们与语音没有联系，所以不能叫作文字。为了进一步求方便、求科学，久而久之，人们把“意义”“语音”赋予一个“记号”，这个叫作“记号”的东西正式成为“文字”。文字能够看得见，语音能够听得到，语义能够理解。文字作为语言的组成部分，作为语词的书写形式，必须具备形音义三要素。

文字远在最初阶段的时候，记什么呢？设想可能首先是要记人、记物、记事、记时间、记空间、记数量、记感受、记生活和劳动经验等。造什么“记号”、怎么造“记号”，主要是他们观察世界、感受生活的结果。观察什么？无非是仰观天象，俯察地理，近看周边，诸如日月星辰、雷电风雨、山川河流、树木花草、猪马牛羊、黍稷稻粱、男女老少等，自然都是首先入眼的对象，所以与此相关的字必不可少。感受要靠感官，比如口的味觉、耳的听觉、目的视觉、鼻的嗅觉、肢体的触觉等，所以口、耳、目、鼻、手、足等字必不可少。记录劳动经历和经验，比如种植、砍伐、猎捕都要用到工具，类似今天的斧、镰、犁、网、绳、弓、箭等字必不可少。远古时代虽然不能足够讲究，但住要有居所，睡要有卧榻，做饭要有炊具，吃饭要有食器，因此记录生活琐事和日常用品的字必不可少。为了记录每日每年的时段以及地理的方位和距离等，与这些概念相关的字也必不可少。其他如生老病死、天灾人祸、春种秋收等，所有这些事关生计的事物、经历、经验，应该也都是急需记录在案的内容，所以记录这些相关内容的字也必不可少。类似情况难以具体列举，但都可以想象。前人说“近取诸身，远取诸物”，应该就是这个意思。简言之，就是人们通过长期观察，对远近万事万物的形象、特点，都有了刻骨铭心的记忆，自然会把它们各自的形象、特点加以概括和描绘，然后设法使用各种方式将它们表现出来，让人们理解，又经过约定俗成，加以固化，形成定则，并纳入文字体系。

至于说到每个字的造字细节，恐怕永远也无法找到标准答案，就是把数千年前的老祖宗请出来问问，他们可能也难以回答。因为造字工程需要集中全民族的智慧，而文字从起始到成熟绝不是几个人、几代人就能完成的。有人说，象形总不算很难吧？画个差不多的图像就是了，其实大谬不然。因为写字不是画画，它要求简单、明确——简单就是几笔几画，明确就是要有区别性。这就难了。天地万物万象，要怎么区别？如果说太阳是圆的，画个圈就行，那盆盆罐罐，哪一样不是圆的？画画很难表达一个准确的意义。若要进而表达一段完整的语义，那就更复杂了，就算能画出来，那也是连环画。这就难办了，要想用书面语交流，人人都得做个画家才行。关键是连环画不能诵读，不能诵读就一定不能明确表意。何况还有许多抽象的意义很难用具象来描写，比如说“高尚”“聪明”“灵活”“狠毒”“美滋滋”这些意义，怎么画出来？所以我觉得，造字的智慧实在可以被称为当时最伟大的智慧。

无论如何，令人欣慰的是，几千年前就已经成熟、成系统的古文字至今依然神采奕奕地呈现在我们面前。我们希望还原那些鲜为人知的历史事实，首要任务就是识读。面对陌生的字形该如何识读呢？基本经验告诉我们，首先要探寻这个字与已识读古文字之间的联系，并且结合它的形音义，进一步考察它与古代字书、辞书和传世文献记载的文字之间可能存在的联系，探寻其嬗变轨迹，确定它到底是什么字，继而研究它运用在历代文献中的具体词义以及历史变化。

关心和探寻构形意义固然十分必要，而且也是我们刚接触字形时的第一反应，但不能把兴趣和精力集中在捉摸这个字是“象”什么“形”、那个字是“会”什么“意”上，而应该在古文字学的“内修”方面下功夫。比如，许多古汉字的字形可能不难解释，以甲骨文里的字为例，它的字形是在（人）的臀部加个尾巴，可以释作“尾”，但它的本义到底是什么，在文献里用作什么词，由于文献资料不足，目前很难推断。凡此，必待学术研究的深入和新材料的发现以后才有望揭明。在这些问题解决之前，既不能看图猜字，也不能望文生义。

有了上述基本认识做铺垫，就可以进入识字的具体环节了。

根据上文说到的“合理推想”，我们首先从认识自身，认识“人”，人的肢体、五官等名称开始。因为表示这些意义的基础字形，后来作为构形部件被大量运用，所以认识这些基础字形，对今后不断扩大识字范围具有特别重要的意义，下面介绍的识字过程就尝试了运用这种“滚雪球”的方法。解释字形、字义时，凡是下编会单独讲解的例子，上编仅作简要说明。

（一）甲骨文里表示“人”的基本字形，一个是侧面人形（人），一个是屈膝跪坐的人形（卩，jié）。还有一个是正面站立的人形（大），它一般都是以构形部件的形式用作意符，表示人或大人，而作为独立的字则是“大”，没有“人”的意思。再就是（女）和（母），也写作，也写作。甲骨文和金文的“女”与“母”基本通用，字形是一个跪坐着的侧面人形，人的双臂交叉或颈部加短横，短横可能带有指事的性质。另外还有表示小孩意义的（子）。以上这些字形都可以正写，也可以反写，比如也可以写作等，这在古汉字体系里是普遍现象，下文不再说明。

（二）表示五官的基本字形有四个，“口”是，“目”是，“耳”是。“鼻”写作，据字形隶定作“自”，象形字，后来加“畀”（bì）作声符成为“鼻”，形声字。

（三）表示肢体的基本字形是手和脚。在古汉字体系里，表示手的动作一般都用“又”，是右手的象形，其中较早的字形是，比较接近手的形状，后来的常见字形是，一般都是写在字形右侧。有时也用（左），即左手的象形，写在字形左侧。

用作构形部件表示手的动作而需要写在字形上面的，除了，还有几个不同的写法。一个是（㕚），一个是（丑），有时也写作（爪）。金文“受”字作，上面是一只手，下面也是一只手。写在上面的手是倒置的，根据字形隶定就是“爪”。从上可知“又”“叉”“丑”“爪”四字本是表示相同或相近动作的一些词形。如果将左右二手写在字形下面或两侧，一般写作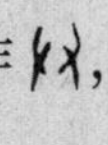，表示双手捧起或做事，隶定作“廾”（gǒng）。如果写在上面，多作“臼”（jú）。“手”字出现较晚，西周金文作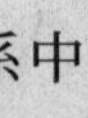，作为构形部件在古文字体系中用得较少，后世多用在左侧作“提手”，如“拍”“指”等字中的“手”。

（四）古汉字体系里表示脚的意义的字一般用“止”。甲骨文作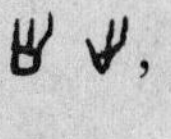，金文作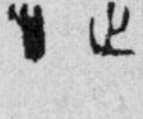，脚的象形。脚停下来就意味着停止，所以引申为停止的意思。后来因为停止的意义被广泛运用，就在“止”上加“足”旁表示本义，字写作“趾”。“止”作为意符被大量用在表示与行走意义相关的字中。

古汉字里还有一个“足”字，甲骨文作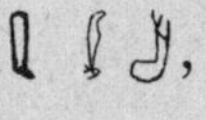，金文作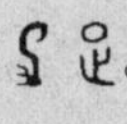。这个字也是象形字，它的特点是在“腿”的上面或下面附加“止”字，意思是连腿带脚的下肢，这是它的本义，后来隶定为“足”。需要提醒的是，在上古以后的一般古文献里，“足”又指现在说的脚。现在说的脚，上古则用“止”。

（五）下面再补充几个表示人体部位的常用字。

首，甲骨文作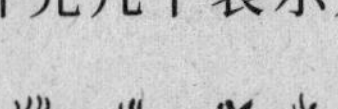，象形。

面，甲骨文作，在“首”的外面加一条斜线。

颜（顔），金文作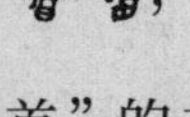，字形上面是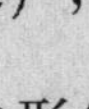，从文，厂（hàn）声，是“彦”字的初文。“”下是在“首”的左侧加一曲形斜线，与甲骨文“面”字比较，就

知道这实际是金文的“面”字。后世把金文“面”字左侧的斜线与产连在一起，并加饰笔写成了“彦”，再把金文“面”字右侧的“首”换写成意义相同的“页”（xié），“彦”“页”合体就是“颜”字，成了从页彦声的形声字。本义是眉目之间，今称额头，引申为面容等义。

需要说明的是，用某个字形表示某个词义，总有一个渐进的约定俗成的过程，其间也会伴有具体与抽象的转换，或窄义与广义的变化。比如“首”字既可以指人头，也可以指动物的头，再引申扩大，进而虚化可以指一切事物的开头。“又”“止”“面”“颜”等字也都是这样，不再赘述。

认识了“首”，就能认识“面”，认识了“面”，也就能认识“颜”。这就是识字的基本方法。

下面介绍一些在上述字形基础上增加部件，组合成新字的例子。这是识字的第二步，也就是前文提及的“滚雪球”式识字方法。

（六）认识了侧面人形，进而可以认识“身”“腹”“老”“北”“从”“元”等字。

身，甲骨文作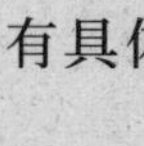，是一个侧面站立、腹部突出的人形，它的本义大概是表示人的腹部。

腹，甲骨文作，第一字形从身，而在“身”的腹部位置加“复”字作声符。第二字形从人，复声，是并列结构。

老，甲骨文作，金文作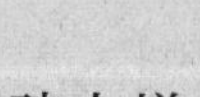，小篆作。初文象长发凋零、曲背

拄杖的老人之形，与“考”本是一字，皆有年老义。后来手中的“拐杖”变成“匕”形的是“老”字，“拐杖”变为“丂”形的是“考”字。

北，甲骨文作 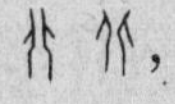，金文作 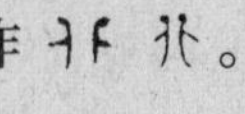。象二人背对背站立，是“背”的初文。在古代文献里多假借为方位名词，后世增加“肉”（形与“月”字近）作意符造“背”字，表示相背、脊背之义。

从，甲骨文作 ，并列二人，表示一人跟随一人，本义是相随。

元，甲骨文作 ，金文作 。早期字形象人形而突出其头部，隶定作“兀”。金文增短横为指事符号或饰笔，隶定则为“元”，因而可以知道“兀”是如何衍为“元”字的，同时也就知道“元”与“兀”本是一字。本义是人头。甲骨文“冠”字写作 ，可以直观地理解为人头上的覆盖物。

（七）认识了“大”是正面人形，进而可以认识“亦”“立”“并”“天”“文”和“刖”（yuè）等字。

亦，甲骨文作 ，金文作 。在正面人形“大”字两侧各加一点作指事符号，表示腋下或腋窝所在，是“腋”的初文。但卜辞、铭文以及后世文献都借用作虚词，未见本义用例，战国晚期出现“腋”字，从肉（后世作“月”字形），夜声。

立，甲骨文作 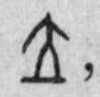，金文作 。象正面立在地上的人形，本义是站立。

并（並），甲骨文作 ，以二人并列站在地面会意。

天，甲骨文作，金文作。象正面人形而突出其头部。本义是头顶，卜辞有用例。

文，甲骨文作，象正面站立而胸前刻有花纹的人形，可能是表示文身，后泛指花纹，引申为文采等义。

刖，甲骨文作，虽然一开始无法马上认识这个字，但看字形，“大”是人形，在“人”的腿部下方加一把刀或一个锯形，其中前三字形“大”的一条腿都短了一截，第三字形特意表现为一只脚，第四字形在锯形下方还加了个“又”（表示手），合体表现的意象很明显，就是把一个人的一只脚砍去或锯掉，这就是后世的“刖”，古代的一种刑罚。

（八）认识了“女”和“子”，进而可以认识生育的“育”字。

育，甲骨文作，第一至第五字形从女（或从人）从倒置的“子”，有的字形还显示有体液流出。无体液者则将倒“子”插入人体。第六字形则显示接生动作的意象，字形的右侧表示接生者手拿衣被等待婴儿出生。第七字形是前一字形的简化。前七种字形表意明显，都表示分娩的意思。第八字形“母子”分离，但依然从倒“子”。第九至十二字形从子而不再倒置，意象淡化，但“子”均在“母”体臀部以下，仍然利用体位关系表示字义。本义是产子，即生孩子，字形表示的意象十分明显。小篆或体沿袭金文字形作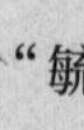，隶定作“毓”。小篆正体作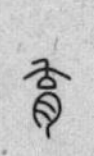，隶定则作

“育”。从小篆或隶定后的字形上已经看不出产子的意象，它的本义只能通过六书去分析了。

（九）认识了“又”以后，进而可以认识“攴”（pū）和“殳”（shū）以及“父”“友”“及”“启”“牧”“弄”等字。

在古汉字体系里，表示行为动作的构形部件多用“又”“攴”“殳”，而“攴”“殳”都是“又”的增形，三者的表意作用基本相同。

攴，甲骨文作，金文多作。字形从又，“又”的上面是一根木棍，表示手里拿着木棍。“木棍”后来写成“卜”，又兼表音的作用。“攴”作为意符，多表示打击的意义。比如金文“寇”字写作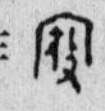，从宀（mián）从元从攴，“宀”是房屋剖面的象形，“元”字前面已经说过是人头，再加个“攴”，合体表示有人拿着凶器进屋袭击主人，会意字。

殳，甲骨文作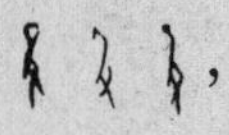，金文多作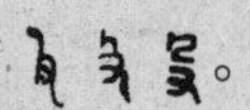。象一手持长柄器物，器物的前部作棱形，应该是锤棒一类的兵器。“殳”用作动词有击打、投掷的意思，在古文献里有时通“投”。

父，甲骨文作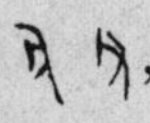，金文作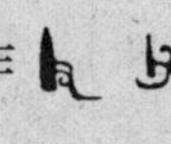。一般解释为以手持斧，本指持斧劳动的男子，引申为对父亲的称呼。“父”增声符“巴”则为“爸”，所以“爸”实际是“父”的增声符字。

友，甲骨文作，从二又并列，即以二手相并会意，表示友好、朋友等义。

及，甲骨文作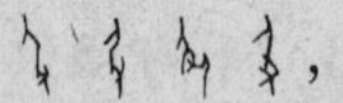，前面是个“人”，后面是个“又”，“又”紧贴“人”后，意思是后面一人的手抓住了前面一个人。本义是赶上、逮住。

启，甲骨文作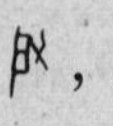，从又从户，意思是用手开门。本义是开启。

牧，甲骨文作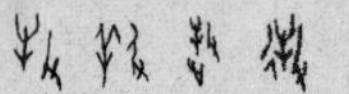，金文作。从牛从攴会意，“牛”或作“羊”，表示放牧对象。有些字形增加表示行走的意符“止”“彳”“辵”。本义是放牧牛羊，引申用于治民则为官守、统治。又引申为牧民、牧场。卜辞或用本义。或用作职官名，主管祭祀用牲。铭文或用为职官名。

弄，金文作。字形的上面是“玉”，下面是“廾”，“廾”是双手的象形。“弄”字以“廾”和“玉”组合，表示双手捧玉，会意字。

（十）认识了“止”字，进而可以认识“之”“企”“走”“步”“涉”“濒”“奔”“卫”等字。

之，甲骨文作，从止从一。“止”即足，“一”指代出发地。“之”字以抬脚出发会意。本义是到某个地方去。

企，甲骨文作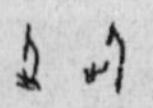，第一字形象人而突出人的脚部。第二字形将“人”与“脚”分开，变成从人从止会意，表意相同。本义是踮脚远望，引申为期望、企图等义。《荀子》里有句话叫“吾尝跂而望矣”，“跂”字从足，支声。这是用形声字的“跂”代替会意字的“企”。

走，甲骨文作，金文作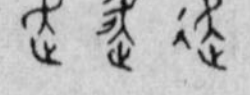。甲骨文作“夭”字形，象人奔跑时双

臂上下摆动之形。金文增意符“止”“彳”或“辵”表示奔走的动作。本义是奔走或奔走效力。

步，甲骨文作 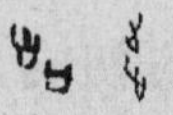，从二止一前一后，会意字。本义是步行，引申为步伐、步骤等义。今人以两脚间距离为一步，古代则称为“跬”。

涉，甲骨文作 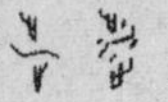，基本字形是二止分别在水的两侧，是双脚跨越水流的意象，会涉水之意。偶从三止或从四止。从字形看，本义应该是徒步横渡。

濒（瀕），甲骨文作 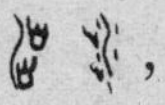，金文作 。甲骨文从步在水的一侧，会意字。金文从水从步从页。“页”的繁体字作“頁”，与“首”为一字，这里代表人。人走在水边，表示濒临或水边，会意兼形声，后世演变为从水，频声。初看与“涉”的字形相近，仔细辨别就会知道意义不同。

奔，金文作 ，从夭从三止。“夭”象甩开双臂奔跑的人形，也是“走”字的简写，下面是三止，就是三只脚，三只脚说明跑得快。

卫（衛），金文作 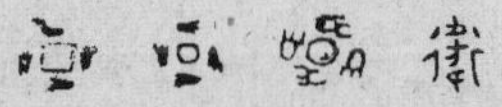。前三字形中间是个“口”，即古“围”字，表示是城市围墙或区域、范围，四周各有一止，表示有人在守卫城邑。第四字形从行，“行”中间从方，从方与从口表意相同。“方”的上下各从一止。合体会意。不过有人认为，这个字是“防”字，但在甲骨刻辞里用作“卫”。也有人认为，“卫”和“围”是一个字，字形是表示众人围坐在一起。

(十一) 认识了“口”字, 进而可以认识“甘”“舌”“言”“音”“欠”“涎”等字。

甘, 甲骨文作, 象口含一物之形, 是“含”的初文, 人口爱含甘美之物, 故引申为味美或美味。也有人认为, 构形是以“口”中加一短横作指事符号表示甘美。

舌, 甲骨文作, “口”上加舌形, 有的还加几个小点表示唾液。

言, 甲骨文作, “舌”字增短横作指事符号则为“言”。舌间所出者, 言也, 本义是说话、言语。

音, 金文作, “言”为口中所出, 出则有“音”, 故“言”与“音”古为一字。如吟诵的“吟”从口, 古代或从言作“訡”, 或从音作“韻”, 意符义近通用。金文“音”字是在“言”字的“口”中加横点与“言”字相区别。

欠, 甲骨文作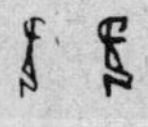, 字形象人张口出气之形。作为意符, 从言与从欠无别, 如“歌”的异体作“謌”。

涎 (次), 甲骨文作, 象人的口水外溢之形, 隶定作“次”, 后世也写作“唌”, 现在统一作“涎”。本义是涎水、垂涎。

(十二) 认识了“耳”字, 进而可以认识“听”“声”“圣”“厅”“闻”“取”“聋”和“耳”(èr) 等字。

听 (聽), 甲骨文作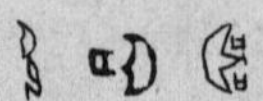, 第一字形从人而突出其耳, 表示张耳而听

的意思。第二字形从口从耳，可能是表示别人口出有声，我张耳听之。第三字形从二口，表意相同。本指听的行为，侧重接收声音而未必听见，与“闻”强调“听到”的意义不同。由听人说话引申为听取、治理等义。

声（聲），甲骨文作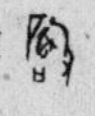，字形左上角象悬磬之形，悬磬下是“耳”和“口”的组合，实际就是古“听（聽）”字，右侧从支。以上合体会意，表示敲击悬磬、发出音响、耳能听到的意思，“听”兼作声符。本义是乐音，后泛指声音。

圣（聖），金文作，左侧从人而突出其耳，右侧从口。本义是听力好的人，引申指无所不通的人。耳朵灵敏的人就是“圣”，耳朵听到的就是“声”，用耳朵接收声音就是“听”，音义相因，故早期文献“圣”“听”“声”三字多通用。

厅（廳），甲骨文作，金文作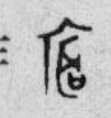。接收声音入耳叫作“听”，繁体作“聽”，引申为听事，即治理政事，故听政的地方叫作“廳”。甲骨文字形从宀从听，“听”兼作声符。古文字中，“宀”象房屋剖面之形；“广”（yǎn）一般表示一种简单的建筑，与今天的“广”（guǎng）不是一字；“厂”（hàn）一般表示山石的崖岩，与今天的“厂”（chǎng）不是一字。但三者作为构形意符表意相同，从字源角度看就是一形之变，所以“厅”字在文献里也可以写成“广”字头或“厂”字头，金文从广。现在简化字统一写作“厅”，是把原来的意符兼声符的“听”换成了纯声符的“丁”。

闻（聞），甲骨文作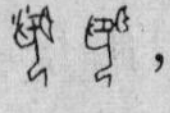，第一字形是一人蜷坐耸耳而以手指口的意象，口上加二点表示声音。合体可能是表示“耳听人口所言”或“别人口说而我能听到”。

取，甲骨文作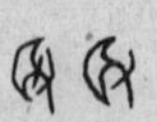，左侧从耳，右侧从又，“又”即右手的象形，用作构形意符表示动作。古代战争有时要求将士割取敌人左耳回来报功，“取”字以手取耳会意，表示获取、捕获。

聋（聾），甲骨文作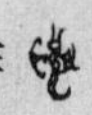，金文作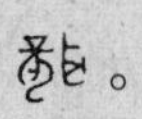。从耳，龙声。铭文用作人名。

刵，甲骨文作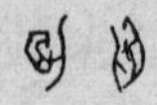，从耳从刀会意，表示以刀割耳，古代的一种刑罚。

（十三）认识了“目”字，进而可以认识“惧”“眉”“见”“视”“监”“望”等字。

惧（懼），商代金文作，象两只圆瞪的眼睛，隶定作“䀠”，本义是恐惧，用恐惧的状态表示意义。战国晚期金文作，增“心”作意符，表意更加明显。

眉，甲骨文作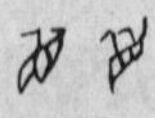，下从目，“目”上是眉毛的象形。眉毛难以象其形，故以“目”衬托。

见（見），甲骨文作，卜辞多用朝见、进献义，故以跪坐之人而突出其目的字形来表示。

视（視），甲骨文作，甲骨文及西周铭文多用作侦察、就职治事的意思，故以站立之人而突出其目的字形来表示。

监（監），甲骨文作，左侧从皿，“皿”中小点表示有水。右侧象一人睁大眼睛低头向器皿里面观看之形。合体表示人利用水盆照镜子，这种水盆古代叫作“监”，现在叫镜子。

望，甲骨文作，字形的下面象站着的人形，人头上加竖立着的“目”，合体表示张目远眺。

（十四）认识了“自”（古“鼻”）字，进而可以认识“息”“臭”等字。

息，甲骨文作，“自”下加左右二撇表示鼻子有气出入，本义是人的喘息、气息。

臭，甲骨文作，因为狗的鼻子嗅觉灵敏，所以用“自”下加“犬”表示气味或用鼻子去闻气味的意思。后来词义缩小，以“臭”表示秽恶难闻的气味，读chòu，所以分化出“嗅”字表示闻气味的意思。

以上是“近取诸身”的例子。下面举“远取诸物”的例子。我们先来认识几个新字。

第一个是“宀”，甲骨文作，表示房屋。第二个是“床”，甲骨文作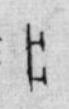，隶定作“爿”。金文作，增“木”为意符。第三个是“水”，甲骨文作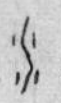。第四个是“帚”，甲骨文作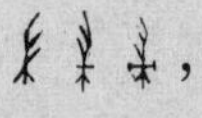，金文作。

记住这四个字形可以帮助我们认识和理解“妇”“扫”“疾”“寝”等字。

妇（婦），甲骨文作，金文作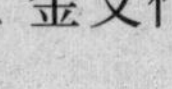。左侧是个“女”字，右侧是个“帚”字，“妇”从女从帚会意，指已嫁女子。《说文》中说“妇”字从女持帚，指做洒扫这类事情的人。卜辞和铭文里的“妇”字有时就直接写作“帚”。

扫（掃），甲骨文作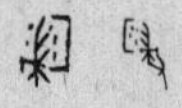，第一字形从匸（xì）从帚，第二字形上增加“又”表示手部动作。两个字都有既当意符又当声符的“帚”字，“帚”的旁边都有散落的水点，很明显，“扫”是表示洒水后用笤帚清扫房屋。

疾，甲骨文作，第一字形从从人，表示人躺在床上。第二字形的“人”旁加了几个小点，表示人躺在床上出汗。第三字形增从宀，增加了表示在室中的意义。第四字形中的“人”作“大”，“大”是正面人形，从大与从人表意相同。合体会意，本义是疾病。

“寝（寢）”字的解释见后文。

下面再选一组例子。

先认识一下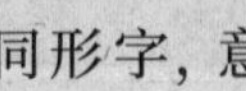，这个字古体作“㚔”（niè），隶变后作后“幸”，与幸福的“幸”是同形字，意义不同。在甲骨文中，“㚔”是手械一类刑具的象形，看上去类似今天的手铐，可以用来拘捕犯人，故含有囚系、拘执、惩治等意思。

认识了这个当手械类刑具讲的“㚔”字，可以帮助我们认识“报”“执”“圉”等字。

报（報），金文作，从㚔从𠬝，𠬝亦声。“𠬝”即“服”的初文，甲骨文作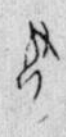，象一只手从上方按住一个屈身跪在地上的人。“报”字从㚔从𠬝，意思是依法定刑治罪。

执（執），甲骨文作，字形从整体上看是一个人双手戴着手铐的样子。仔细分析，第一字形左侧是“㚔”，右侧象一人伸开双手跪坐之形，这个字就是后来的“丮”（jǐ）字。用六书分析方法解释“执”，就是从㚔从丮会意。第三字形增从又，表示被人一手按住。第四字形增从糸（mì），表示用绳索捆绑住。前四个字形“㚔”与“人”的双手合为一体，意象显明，有人叫作合体象形。第五字形是分体，从㚔从系会意，表示拘捕犯人。

圉，甲骨文作，金文作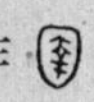。字形外部都是“囗”（wéi），就是古“围”字，它在古文字里有多种含义，如表示栅栏、围墙、包围等，这里表示围墙或封闭的处所。甲骨文三个字形都是“执”在“囗”中，表示双手戴着手铐的人被关押在封闭的处所里。其中第三字形“执”字增“攴”作意符，表示关押或惩罚的动作。金文“圉”字从幸在囗中，这个字实际是甲骨文的简体。字中的“幸”就是前面说的“㚔”，只是在“圉”字里是以手铐的字形代表戴着手铐的犯人。可见，在甲骨文和金文中，“圉”都是会意字，后世作“圄”，

就是囹圄的“圄”，从口，吾声，就成了形声字。“圉”的本义是拘禁或拘禁犯人的地方，引申为边境、禁止等义。又指养马或养马的人，可能是马厩与囹圄形义相近的缘故。

三、古汉字构形中的一些细节

初接触古汉字的人，面对一个个陌生的字形，不仅无法分辨其构成及其具体形态和意义，甚至连放置方向也难以分清，当然也就不可能理解其结构的精微。所以，我们要关注古汉字构成的细节，并通过这些细节去推敲其构形寓意，解释字形字义，下面就举一些最常见的例子。

（一）指事符号

指事符号是指专用于指事字的指示性符号。指事符号有多种，比如小点、小圈、短横、斜撇、弧形笔画等，与区别符号和装饰符号要加以区别。前文有例，此略。

（二）装饰符号

装饰符号也叫饰笔，只起装饰作用，没有区别意义，即没有区别不同的字的作用。如：

辛，甲骨文作，商代金文作，西周中期作。

“辛”的本义是一种用以砍凿的平头工具，可以用作刑具。商代金文前三字形与甲骨文第一字形的象形意味最强，也是基本字形，其余字形都增加了饰笔，比如上面的短横，下面的短横或分叉。

示，甲骨文作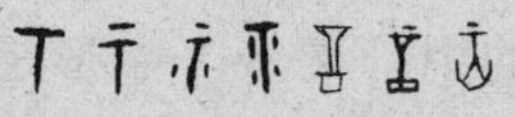，金文作。象神主之形，所谓神主，是指古代为已死的君主、诸侯做的牌位，用木或石制成。后世民间也立神主以祭祀死者。比较字形可以知道，甲骨文第一字形是基本字形，其余上下及两侧所加都是饰笔。加饰笔以后分化出“主”和“示”两个字。在卜辞里多读“主”，泛指神主或专指某位神主。

其他如金文“相”作，字形下加的两横也是饰笔。而“其”字的饰笔演变过程则更加复杂：“其”的甲骨文作，金文作，本是畚箕之“箕”的象形。后来金文在早期字形下面加饰笔作，饰笔又演变为“丌”（qí）并用作声符，写作。到了最后，“丌”和“亓”甚至成了“其”的异体字。

（三）区别字形字义的方法

文字需要有区别性，因为字形雷同就会产生误解，影响交际，所以古汉字里用了许多区别的方法。在局部细节处加以区别是其方法之一。

“兔”与“象”字形相近，但（兔）的尾巴短，甚至没有尾巴，而（象）则突出它的鼻子特征。

“豕”（即猪）与“犬”字形相近，但（豕）的尾巴没有上翘，而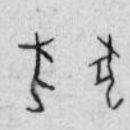

（犬）的尾巴大多上翘，最后一个字的尾巴上加圈，应该就是明确的区别性符号。

“十”是针的象形，甲骨文都写成，金文作。中间加粗，后来加粗部分变成点，又逐渐成为短横。“七”的甲骨文，字形是一竖加横，横是指事符号，本义是切断。“十”字中间的点演变为一横后，与“七”字形相近，但“十”的横很短，而此时的“七”字的横都比较长。后世更将竖画末端向右下斜，如战国文字有时写作，小篆作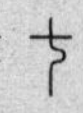，与“十”有明显的不同。

“玉”字金文与西周中晚期金文“王”字形近，区别二者的办法是，“玉”的三横距离相等，而“王”的中横偏上。有的“玉”字写作，改变了中间一横的形态以示区别，《说文》古文作，小篆作。而《说文》古文的“王”字作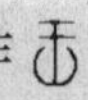，小篆作。可见在相应时段里，字形各有不同的区别方法。

丁，甲骨文作，金文作。这些字形给后代学者带来了极大的麻烦，有人说是“钉”的初文，有人说与“囗”（wéi）是一个字，表示城邑，甚至说就是城邑之“城”的初文，至今没有定论。直到战国晚期写作，隶定作“丁”，才与其他字形划清了界限。

四，甲骨文作，金文沿袭这种写法。到春秋战国年间出现等字形，实际是假借“四”的字形与写作三横的“三”字相区别，这个“四”可能是“呬”（xì）的初文，本义是喘息。

不过总的说来，这些区别特征也只是在一定时段内表现明显，文字构形部件逐渐符号化以后，这些区别性的特征也就逐渐弱化，以致最终失去意义。

区别字形字义的第二个方法是增加区别符号。比如：

高，甲骨文作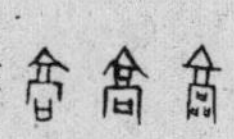，主体部分是“京”，“京”下加“口”就是“高”，这个“口”形实际是与“京”字相区别的符号。有时还写成三个“口”，表意相同。“京”是高大建筑的象形，所以也有高大的意思，“高”是借高大建筑的形象来表示“高大”之义。

一个字增加了区别符号以后就成了另一个字，即由一个字分化为两个字，所以区别符号也叫分化符号。

当然，要想彻底区别字形字义，最好的办法还是在原有字形上增加意符，比如“圆（圓）”字。“圆”的原始字形应该就是画个圆，金文早期字形可以证明这一点。但甲骨文却写作，金文多作，都是在原始字形上增加一个“鼎”字形。为什么从鼎呢？大概因为鼎口的形状多数是圆的，“鼎”应该看作是意符。用六书分析法说，就是从鼎从，亦声。“鼎”的字形后来简化变成了“贝（貝）”，所以隶定作“员（員）”。再后来又在“员”字上加个外框，隶定作“圆（圓）”。从词的角度说，与“员”“圆”本是一事，而不管其组成部件的简繁或形状，比如金文所从的，有实心，有空心，有方形，有圆形，有三角形，还有在中间加了小点的，从符

号角度看，表意都相同。但字形产生结构性变化就有了里程碑的意义，最合理的推测是，为了使的字形与“丁”“口”等相区别，才出现“员”字。又为了与表示人数意义的“员”字相区别，才出现“圆”字，这体现了文字的进步。

（四）小点的妙用

甲骨文中的小点很多，表示的意义也很多，常见的如在（米）中表示米粒，在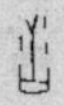（舌）中表示唾液，在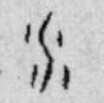（水）中表示水花，在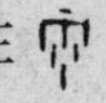（雨）中表示雨滴，在（雪）中表示雪花，在（火）中表示火苗，在（血）中表示装在器皿里用以祭祀的鲜血，在（祭）中表示祭祀所用鲜肉的血滴，在（雷）中表示雷鸣，在（乎）中表示口呼的声音，在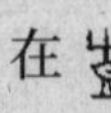（彭）中表示击鼓发出的鼓声，等等。

（五）意符的通用与讹用

古汉字里的同一个字往往有多种写法，其不同之处在许多时候表现为用了不同的意符，主要体现为下面两种情况：

义近通用的，如“隹”“鸟”，“斗”“升”，“日”“月”，“宀”“穴”，“又”“支”，“木”“禾”，“首”“页”，“土”“田”，“又”“廾”“爪”，“糸”“丝”“素”“索”，“人”“女”“大”“卩”，“心”“口”“言”“音”，“中”“艸”“木”“林”“茻”，“止”“彳”“辵”“走”“行”等。

讹变通用的，如“大”“矢”，“凡”“舟”，“山”“火”，“月”“肉”，

“人”“弓”，“卩”“邑”，“鼎”“贝”，“土”“立”，“血”“皿”，“人”“刀”，“日”“目”“田”，“日”“目”“贝”，“又”“中”“止”，“口”“甘”“曰”等。

以上情况极为普遍，本书选例中随处可见。

（六）利用部件的体势或意象表现意义

逆，甲骨文作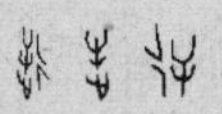，第一字形从倒置的“大”字，“大”是人形，倒置的人形表示人自外而来的意象。在倒置的人形上增从辵，或增从彳，或增从止，合体表示“人对面而来，我抬脚前迎”之意。本义是迎接。

即，甲骨文作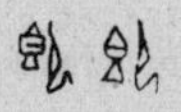，左侧是食器，右侧是一人跪坐。合体象人屈膝跪坐在食器的旁边，表示就食，现在叫就餐。本义是“就”的意思，就是“接近”。

既，甲骨文作，基本字形象一人面对食器屈膝而坐，少数字形是背对食器而坐，但总是以人的口形向外为特写，意思是已经吃完。造字者用此直观的意象表示“已经”的意思。

考察“即”与“既”所从部件位置关系，可以帮助我们考察构形寓意。

（七）利用部件的方向表现意义

各，甲骨文作，以脚形向凵会意，本义是来到。“凵”即“坎”，指坑穴。“凵”或作“口”形，表意相同。后世多借“格”代“各”。

出，甲骨文作，金文作。以脚形走出凵中会意，本义是外出。

降，甲骨文作，字的左侧是“阜”，表示高坡的意思。“降”字从阜从倒置的二止，表示从高坡上走下来。本义是自高处向下走、下降。

陟，甲骨文作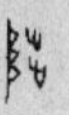，字形与“降”相近，只是两只脚的方向不同。“陟”的意思与“降”正好相反，是表示由低处登高而上。本义为登高，引申为晋升等义。

“各”与“出”，“降”与“陟”，所从部件的方向相反，表示的意义也相反，体现了古人造字的智慧。

（八）利用部件的位置关系表现意义

宿，甲骨文作，第一字形左侧从人，右侧从西（tiàn），“西”是“簟”（diàn）的初文，是竹席的象形。以人在西上会意，表示睡觉或人睡觉的地方。第二字形加“宀”作意符，表示人在室中睡觉，隶定作“宿”。

坐，甲骨文作，象人屈膝跪坐在席上之形，由此可知古代所谓“坐”就相当于现在的跪。

并（並）字的字形和解释前文已述。

替，甲骨文作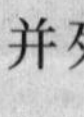，金文作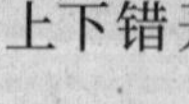，甲骨文、金文都是从二立而一上一下错位，二立表示二人并列，位置上下错开则表示更替的意思。到小篆时，二立改为平位并列，但为了与“并”区别就在下面增加了“白”作区别符号，“白”后世作“日”，沿用至今。“替”的本义为交替、更替，引申为衰落、废弃等义。

对比“宿”与“坐”、“并”与“替”所从部件的位置关系，可以帮助我们理解构形寓意。

四、古汉字形体演进的一般规律

(一) 将轮廓或块面形的字或部件写成线条

土，甲骨文作，金文作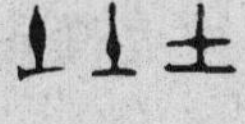。字形由轮廓和块面逐步变成点画线条。

戚，甲骨文作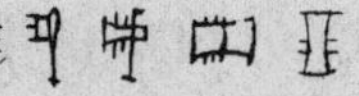，金文作，小篆作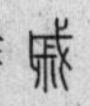。斧钺类武器，有齿。甲骨文第一、二字形是整体象形，第三、四字形是局部象形，其中前者是横置式，后者是竖置式。金文前三字形沿袭甲骨文，第四字形从戈，尗(shú)声。小篆从戉，尗声。字形由轮廓和块面到线条。

(二) 自然形状的字形经过部件化以后，逐步变成了方块字

马(馬)，甲骨文作，金文作。甲骨文的“马”都是竖写，前文提到的“豕”“犬”等字也是如此，可见写字不是画画。从所列字形看，早期与晚期的差别很大，经过隶变、楷化以后，成了方块形，更面目全非。这个例子对我们理解所谓“象形”很有启发意义。

车(車)，甲骨文作，金文作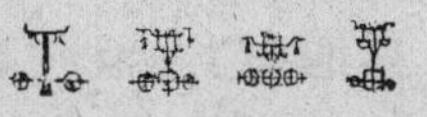

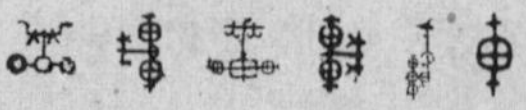。早期“车”的形象都十分逼真，豆粒大小的甲骨文、指甲大小的金文，竟能刻写得如此精细，令人惊叹。从这个例子我们首先可以看到古代写手、刻手们的技艺和用心，其次可以想象古代繁华的车马制度，再次可以看到早期字形左右不分、能繁能简的特点，最后可以发现汉字由自然形态演变为方块形的普遍规律。汉字的这些特点，可以启发我们通过对比各类字形来帮助识字。

看长篇卜辞里的字形已经很整齐、统一、美观了，但如果仔细进行历史比较，原始或早期的字形多半应该是自然形状。后来淡化象形，简化形体，经过部件化、形声化以后，逐步向方块字靠拢。方块字多半是上下结构、左右结构，其次可能是上中下结构、左中右结构、包孕结构等。总体方向也是纵向趋势。

（三）减少部件，减少异体

春，甲骨文作，金文作。甲骨文字形里或有“草”，或有“木”，或有“林”，或有“茻”（即草莽之“莽”），或有“日”，都是意符。“屯”是意符兼声符，含有萌动或聚集的意思。春日高照，种子萌发，草木丛生，都是春天景象，这大概是“春”字的构形寓意。金文大量减少字形和构形部件，基本字形从日，屯声。虽然还有一些其他字形，但明显减少。

灾（災），甲骨文作，金文作。甲骨文前三字形象水流泛滥，表示水灾。第四至七字形从水，才声，变为形声字。第八、九字形从宀从火，“火”或在“宀”上，或在“宀”下，以房屋着火会意。第十字形从斤，才声，“斤”在这里代表武器，当是表示兵灾。后世统一作“災”，汉字简化后作“灾”。减少异构说明先民概括力的提高，同时也表现了文字规范的意识。

（四）化整体象形或意象为部件

须（須），甲骨文作，金文作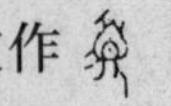，小篆作。甲骨文象突出其口、口下长着胡须的人形，而以胡须为特写，本义是胡须。金文右侧为“页”，即“首”，“胡须”移至“首”的一侧，但还与“首”连在一起。小篆则将须毛形与头形脱离，这就很难理解其本义了，故后世增意符“髟”（biāo），造“鬚”字表示本义。“髟”表示头发很长的样子，作意符多用在与头发、须毛相关的字里。繁体字的“鬍鬚”简化后成了“胡须”，字形简单了，但丧失了表意性。字形演变往往在权衡利弊中进步。

乳，甲骨文作，象母抱子哺乳之形，也可以理解成从女从子，而以子口对着母乳会意。小篆作，从爪从子从乙，“乙”实为“女”形的讹变。本义为哺乳。篆体解散以后，虽然很难从字形上看出本义了，但体现了汉字的进步。

（五）在象形字、指事字、会意字基础上增加意符或声符，成为形声字

裘，甲骨文作，金文作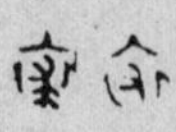。甲骨文象皮衣之形，毛在外，为“裘”的初文。金文第一字形从衣，求声。第二字形从衣，又声。

厷（gōng），甲骨文作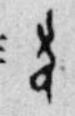，金文作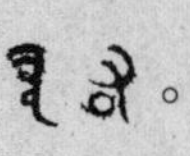。“又”是右手的象形，“手”形向下延长就是手臂，在表示手臂的部分加个小圆圈作为指事符号，表示是上臂部分，也泛指胳臂，这个字后世写作“肱”。传抄古文字或作，从肉（后世作“月”字形），厷声。《论语·述而》“曲肱而枕之”，意思是说弯着胳膊作枕头，后以“曲肱”比喻清贫闲适的生活方式。这是指事字加意符成为形声字的例子。“厷”还有一个读音是hóng，用同“宏”。

罗（羅），甲骨文作，金文作。甲骨文从网从隹（zhuī），“隹”是鸟的象形，所以，“罗”是以“网鸟”会意。金文增“糸”为意符，“糸”在这里表示可供网罗的绳索之类。

会意字增意符成为形声字的例子在古文字体系里不多见，一般都出现在古文字时代之后，如“原”金文作，“源”的初文，字形上面是厂（hàn），下面是泉水的“泉”字，整体是以泉出厂下表示水源的意思。后世增水旁作“源”，“泉”“原”“源”是一组同源词。又比如，表示水溢出的“益”，后世作“溢”；表示用水盆盛水照镜子的“监”，后世作“鉴”，繁体作“鑒”“鑑”；等等。

变会意字为形声字还有一个办法是另起炉灶，就是废弃会意法而另造形声字。如“搴”是会意字，“搴”的异体字“揞”则是形声字，从手，省声。又如“泪”是会意字，“泪”的异体字“淚”则是形声字，从水，戾声。可以看出，会意字与形声字各有利弊：会意字容易理解意义，形声字容易识别读音。如想既便于理解意义，又便于识别读音，那就得再造个会意兼形声的字，不过真要这样做，不仅会增加字数，而且形体势必复杂，真可谓“此事古难全”。但从语言的角度看，形声化代表了文字发展的基本方向。

（六）把象形字、指事字、会意字的部分字形改造成声符，成为形声字

这里的意思，是把象形字（包括合体象形字）、指事字、会意字这些表意字字形的一部分，改造成形状跟这部分字形相近或相关的一个声符，成为形声字。如：

何，甲骨文作，金文作。甲骨文象人扛着戈之形，金文第一字形更形象逼真，戈形后来逐渐变成声符“可”，本义为挑担，音hè。后世用作疑问代词以后，借用表示荷花意义的“荷”字表示本义，现在说的“负荷”之“荷”用的是“何”的本义。

饮（飲），甲骨文作，金文作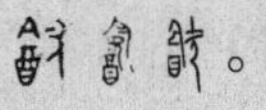。甲骨文前三字形象人低头张口吐舌对着酒器之形，用饮酒的意象表示“饮”的意思。第四个是西周字形，从倒“口”而省“人”。金文则将倒“口”形与“人”分离，并因势利

导，把甲骨文的倒“口”形固化为“今”而直接用作声符，体现了声化的自觉。甲骨文的“今”字作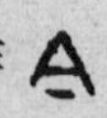，正从倒“口”形，是“吟”（即“噤”）的初文，本义是闭口不言，在金文“饮”字里却被用作声符了。

弦，甲骨文作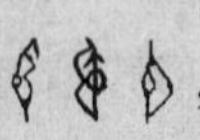，小篆作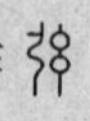。甲骨文在弓弦上加小圈作指事符号，表示弓弦所在，本义为弓弦。秦文字从弓从系，成了会意字。后世用与“糸”形近的“玄”作声符，写作“弦”，又成了形声字。

（七）用具象的事物表示难以表现的意义

京，甲骨文作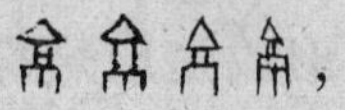，字形象高大建筑之形，造字者用它来表示城邑或王城。

亯（享），甲骨文作，象宗庙之形，祭祀祖先的处所，隶定作“亯”，后世作“享”。本义是以酒食祭祀祖先。

就，甲骨文作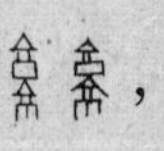，字形的下面是“京”，上面是“亯”，合体表示走向高处祭享的意思。本义是向高处走、前往，引申为成功、造诣等义。

（八）用具体、特定的构形表现一般意义

得，甲骨文作，以手持贝叫作“得”，这是造字方法，或者说是造字的寓意，但这并不意味着它的本义是“得贝”，而是一般意义上的“得到”。

为（爲），甲骨文作，字的主体部分是大象之形，在大象的鼻子旁边加个“又”，意思是以手役象，表示做事、有所为。

用具体、特定的构形表现一般意义，这是古文字构形的常见方式，我们再举前文提到的“罗”字为例作进一步说明。“罗”的构形是鸟在网中，它的意思可能是用网捕鸟，但最初的词义当不限于捕鸟，至少可以理解为用网来猎捕鸟兽（动词义）或用以猎捕鸟兽的网（名词义）。这种解释是在捕“鸟”以外增加了捕“兽”，但还有拘泥于构形的嫌疑，因为“罗”用在不同语境里还可能有更宽泛的意义。比如当动词使用，表示猎捕或网罗时，猎捕或网罗的对象并不以鸟兽为限，甚至不以实物为限；词义虚化以后，可以用于表示罗织罪名等。当名词使用时，它的使用范围也不会仅指网罗鸟兽之网，甚至也不以实物为限。以上情况体现了字作为词使用时的语言价值。如果造一个字只能表示一个很窄的词义，词义层出不穷，造字也就无止无休，那是不可想象的。那么，我们怎么才能确定一个字的本义呢？如前所述，需要比较古今字形，结合文献中的使用情况加以考证。虽然这种考证极为艰难复杂，但终究会向事实接近。

我们讨论古文字问题会产生许多疑问，这是必然的。因为文字在数千年的使用过程中，产生了许多难以想象的复杂变化，我们不是生活在产生古文字的那个时代，更不可能感知历代文字的使用和变化的具体细节。许多现代人的疑问在古人脑子里是不存在的，因为文字是当时公众约定俗成的符号，那个时代的人只要识字就能明白，他们的疑问是有限的。

（九）用事物或行为的典型特征表现难以表现的意义

男，甲骨文作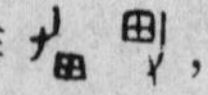，从田从力会意，“力”是耕作农具的象形。用以农具耕地的人指代成年男子，而手拿笤帚扫地的人则为妇，可能是根据时俗造字。

雷，甲骨文作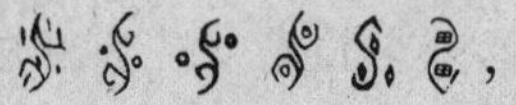，金文作。会意字。用曲线表示闪电，以多个点、圈或田字形等意象表示雷声。

（十）用某种特定创意表现观念性的意义

德，金文作，“德”字的意符是“彳”（chì），说明“德”字与行走或道路相关，而又读“直”声，因而有理由推测古人所谓“德”，应该是沿直道而行的意思。有时增“心”作意符，有时又增“言”作意符，这些又似乎都在显示，所谓“德”，即含内心、言论和行动遵循正直之道的意思，涵盖思想、言论、行为等范畴。《尚书》里说“皇天无亲，唯德是辅”，学者解释为“皇天没有什么特别要亲近的，唯有有道的人，皇天才去保佑他”，也是把“德”解释成“有道”，这与金文的构形恰恰暗合。

信，金文作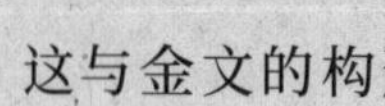，或从人从言，或从身从口，或从身从言，或从人从玉从心，“人”或“身”兼为声符。细玩会意之旨，颇觉有深意在，看来古人可能是把诚信作为人立身之本的。

（十一）一字分化为多字

“一字分化”是说一个原始或早期字形可以分化成几个字，这种情形在古文字体系里常常可以见到。

典，金文作，小篆作。“典”字的主体部分是“册”，编简的象形。第一字形的两侧各从一又，这里没有表意作用。第二、三、四、五字形“册”下所加都是装饰符号，可知“典”与“册”本是一字，后来因为这些装饰符号演变成“丌”字形，根据这个字形隶定就成了“典”字，于是与“册”分家，成了两个字。“典”的本义是典籍，引申为法则、制度、故事、礼仪、主持等义。

飨（饗），甲骨文作，金文作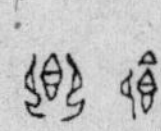，小篆作。初文象二人相向而坐之形，中间是“皀”，即“簋”，古代装食物的器具。合体显现的是一个二人聚餐的场面，是“飨”的初文。本义是相聚宴饮，有设筵宴请、接受宴请、设酒食祭祀等意思，也指宴请或祭祀所用的食品。起初一个字形兼用作“乡”“卿”“飨”“嚮”四个字，后世分化独立为乡党的“乡”（繁体作“鄉”）、公卿的“卿”、宴飨的“飨”（繁体作“饗”）以及由相向而坐引申出来表示相向意思的“嚮”（后世与“向”通用）。甲骨文有简繁两种字形来表示对食的二人，简体不加“口”形，因为面对食器，意义自明；繁体加“口”形而向内，表示享用食物，表意更加明确。“即”字里的人面对食器，不加“口”形而意义已明。“既”字表示吃完，所以必加“口”形而向外。这些细节体现的造字智慧贯穿在整个汉字系统中，须细加留意。又，“飨”与祭享的“亯”的最初意义不同，这种不同也可以从构形上体会。

五、几点总结性提示

（一）正确理解“讹变”

矩，金文作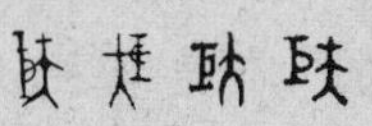，第一、二字形象一人以手持工，人形一作“夫”，一作“大”，从夫与从人形的“大”表意相同，“工”一般解释为矩尺的象形。第三、四字形变合体为分体，手形与“工”则合为“巨”。后世“夫”讹变为“矢”，并与“巨”组合成“矩”，沿用至今，人持“工”的意象完全没有了，但向部件化前进了一步。

射，甲骨文作，金文作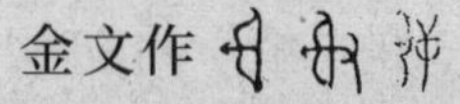，小篆作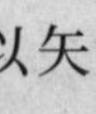。甲骨文以矢在弓上会意，后加二又，表示动作。金文第三字形从弓从倒置的“矢”，“弓”后来讹变成“身”形，故隶定作“䠶”。小篆沿用“身”字形，从身从寸，隶定作“射”，所以后世有“矮无关乎‘矢’，射无关乎‘身’”的说法，意思是说“矮”字从矢却与“矢”无关，“射”字从身却与“身”无关。我们从这句话里得到的启示是，字形讹变以后，它的构形意义就很难准确表示了。有人解释“射”字说“弓弩发于身而中于远”，迁就从身的字形，这叫“强为之解”，实不可取。“射”的本义是射击，引申为猜度、投合、中伤、照射、陈述、追逐等义。

需要强调的是，按字面解释，“讹变”是说这个“变”没有文字学依据，说白了就是写错了字。其实，文字是在大众的运用中产生，也是在大众的运用中变化的。长期以来，文字主要是靠书写传播，而讹变恰恰多出自书写，特别是在解散篆体的隶变过程中，讹变是空前的，也是必然的。讹变又往往促进了文字线条化、部件化、形声化的进程，推动了汉字的进步。有时体现为有意识的重构，就是按照新的构形理念改造旧字、创造新字，给汉字带来新的文化元素。所以我们对讹变应该有个正确的认识，不能一“讹”以蔽之。

（二）比较字形可以帮助识字明义

画（畫），甲骨文作，看第一字形会觉得莫名其妙，但看第二字形，上面是以手拿笔的形状，实际就是“聿”字，后来分化为“笔”字。字形的下面表示所绘花纹。上下合体表示以手持笔描绘花纹，意象比较清楚，由此可知第一字形是第二字形的简体。

博，甲骨文作，金文作。甲骨文从干，尃声。金文第一、二字形的意符作“干”，第三字形的意符作“戈”，“干”和“戈”都是武器，作为意符，表示的意义也相同，所以金文前三个字与甲骨文是同一个字，但第四、五字形所从的意符就令人费解了。经过考察我们发现，甲骨文“盾”字有等形，金文有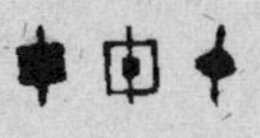等形，根据字形演变的轨迹，我们可以判定金文“博”字的第四字形所用的意符实际就是“盾”字，从盾与从干、从戈表意相同。第五个字的盾形则直接简化成了“十”字形。“搏”本为古“博”字，后世或假借为博大之“博”，遂分为“博”“搏”二字。

除了联系同一个字的不同字形，我们还可以结合其他相关字形来考察。以“古”字为例，“古”实际是“固”的初文，因为盾牌坚固，所以就在象形字“盾”的下面加“口”作区别符号，表示坚固的意思。“古”字的甲骨文写作，“口”的上面象盾牌，而金文作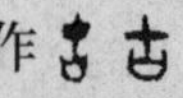，盾牌之象最后简化成了“十”字形。

再看甲骨文的“戎”字写作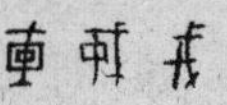，从戈从盾会意，本是兵器的总称，引申为战争、征伐等义。前两个字形里明显有个盾牌的象形字，第三个字形中的盾牌也变成了“十”字形。金文“戎”字作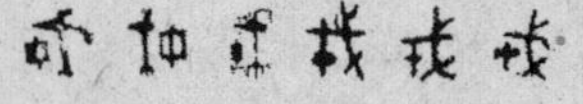，很明显，前三字形所从也是盾牌，后三字形中的盾牌都简化成了“十”字形。据此，我们就更有理由推断，金文“博”字第五字形中的“十”字形也是盾形演变的结果。如果不参照其他字形，单看从十，就难得正解了。

还有一类特殊的情况要在这里说明。甲骨文，从止在桶中，有些字形显示桶中有水，看字形应该表示洗脚的意思，本义应该是洗，但仅凭意思还不能判断是哪个字。这个字在《新甲骨文编》中释为“洗”，隶定作歬，有一定的道理；但也有人释为“湔”（jiān），“湔”也有洗的意思，这就产生了分歧。

（三）关注古汉字中暗含的文化信息

寝（寢），甲骨文作，金文作，小篆作。甲骨文有两种基本字形，一是从宀从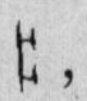，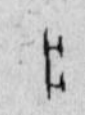是古“床”字，隶定作“爿”。

室内有床，正是表示卧室的意思。二是从宀从帚，“帚”兼作声符。金文主要沿袭甲骨文后两个字形，其中第二字形所从的“帚”下加了个“又”，这个从帚从又的字应该是表示手拿笤帚清扫，而字形上面从宀，合体当然就是清扫房间的意思。第三、四字形则从宀从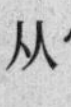，帚声。第五、六字形增从女，从女等于从人，合体当是表示供人躺卧之所。第七字形“宀”下是古“扫（掃）”字，这个“扫”的字形从土从帚会意，意思是用笤帚扫土，合体当然也是清扫房间。“寝”的本义是躺卧、睡觉或卧室，引申为止息、搁置、隐藏等义，又特指君王的宫殿、君王陵园的正殿。“寝”在铭文中有宫寝、庙寝、居室等意义。

有学者研究认为，“寝”字的这种构形，反映了古人对寝室卫生的重视。联系前文“妇”“扫”的解释，就能体会到更多的文化信息。

再进一步说，“修”从攸得声，而金文“攸”字作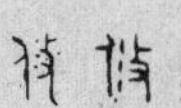，从人从水从攴会意，表示擦洗人身。战国文献中的“修身”往往写作“攸身”，“修身”即含有擦洗人身而使之清洁的意思，“修”的修饰、修治义当是由此而来。擦洗人身与洒扫宫室的意义也相通，故有学者认为，“攸”“修”与“帚”“扫”也都应有语源关系。

这些例子说明，通过古汉字的形音义分析，我们不仅可以得到许多文字学、词汇学知识，而且可以得到许多暗含其中的文化信息，同时还能知道，学习或研究古汉字不但应该放眼于整个古汉字体系，更要结合古代文化加以考察，其中，文字、音韵、训诂、文献知识都是必备的。

（四）文字的基本功能是记录语言

我，甲骨文作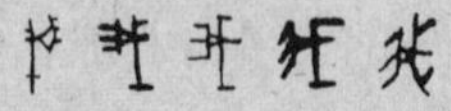，金文作。是古代兵器的象形，长柄，带齿，有刃。“我”的基本用法是第一人称代词。

吾，金文作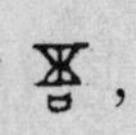，从口，五声。铭文或用作人名，或读如“御”。文献则借用为第一人称代词，此为借形表音法，与意义无关，与常见的古籍通假也有所不同。类似的例子，如马王堆帛书本《战国纵横家书·苏秦自齐献书于燕王章》中的“鱼必不听众口与造言”，《战国策·燕策二》中作“吾必不听众口与谗言”，是知“鱼”即“吾”，与鱼肉之“鱼”无关。

乌，金文作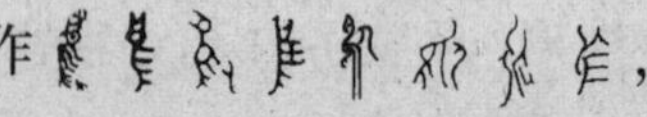，乌鸦的象形。“乌”与“於”形音义皆同，为一字之变，仔细对比字形沿革就能看清字形演变的轨迹。因为形体的变化，后世分化为“乌”“於”二字，但在古文献里“乌鸦”有时也写作“於鸦”。在铭文里，“乌”或被借用为语气词，后世加口旁作“呜”。在古文献里，“乌”还被借用为疑问代词。“乌”“於”今音悬殊，但稍明古音者，则为常识。

借字标音不仅是省字之法，更体现了汉语言文字的进步，在汉语言文字发展过程中起到了难以替代和至关重要的作用。

（五）关于古今音变的简明解释

世界上的万事万物总是处在不停变化之中，文字也是这样。所以，古今文字的变化，不仅表现在形体和意义上，在语音方面也同样有很大的变化。形体的变化一目了然，意义的变化也比较容易察觉，而语音的变化则无影无踪，所以要体会起来往往很困难。如果我们没有古音方面的知识，理解起来就更困难了。下文仅作最浅显的解释。

就共时而言，语音的不同多体现在地域上，即因方言而产生差异，当然，方言的差异在许多时候实际也是古今的差异。汉代扬雄的《方言》里面说，苍蝇的“蝇”，东齐人称作“羊”，“羊”当然只起记音作用，没有人会把苍蝇当成牛羊之羊的，只是为了记音顺手牵“羊”而已，现代潍坊一带的方言里还有把苍蝇念成“苍羊”的，这可以作为《方言》记录无误的证明。

我们这里主要说古今语音的变化。古今语音的变化大致分两种情况，一种是形不变而音变，一种是形随音变，而语音的具体变化则多包括声韵调，情况极为复杂。举个通俗的例子，比如常有人问，“父”与“爸”有什么区别？简单地回答就是，“父”是古字，“爸”是后起字。若问为何又造“爸”字？回答是，因为汉语分文言与白话，文白分化后，在“父”字下面加“巴”作声符记录口语。若问声母为何不同？回答是古无轻唇音，文献“伏羲”或作“庖牺”，读“伏”如“庖”。“孵小鸡”口语里一般说“菢小鸡”，读“孵”如“菢”，这些都是证据。若问后者就是古音吗？回答是未必等值，但后者应该更接近古音。若问何以知之？回答是根据语音自然法则可以知道，比如小儿吮乳，必以双唇，故知重唇音早于轻唇音，而元音则必是“啊啊”之类，所以知道“爸”“妈”之音最合自然，世间没有人听到过襁褓婴儿喊“fùfu”“mǔmu”的。那有人又问了，为什么现在都把婴儿初生叫作“呱呱落地”呢？回答是，“呱”从“瓜”声，“呱”的古音必定接近“瓜”音的。有人不知道“呱”在字典里其中一个读音是“gū”，就把“呱呱落地”读成“guāguā落地”，按说是念错了，但从以上分析看，还倒可以说更接近事实。

推论惊叹语也是这样。我们看外国的影视作品，凡有惊叹，必作“啊呀”之类，没有人听到过哪个国家的人作“呜呼”的。古汉语里的“呜呼”其实也就是“啊呀”一类。如果因为“呜呼”今音读“wūhū”就真的认为古人是闭着嘴巴“wūhū”，那就是笑话了。这样一想，那些看上去神秘深奥的语词也就变得更好理解了。

进而推之，《论语》里记录孔子来到水边，看到滚滚而去的流水，不禁叹息道：“逝者如斯夫！”“如斯夫”就等于现在说的“像这样吧”，“夫”相当于“吧”，这可以用“父”就是“爸”来作证明。

无论是借用旧字来记音还是另造新字来表音，其实都是为了更好地记录语言。

一百多年的卜辞研究证明，甲骨文完全称得上是我国最早形成的、体系较为成熟的文字，而金文则是更加蔚为壮观的古汉字体系。唐代张怀瓘的《大篆赞》赞美大篆“千类万象，或龙或鱼”，“如彼江海，大波洪涛。如彼音乐，干戚羽旄”。其实他看到的大篆不过是古汉字的冰山一角而已。甲骨文线条峻拔，结体严谨，而商周金文雄浑古朴，格高境远，更堪称无上妙笔。《周易·坤卦》说“坤厚载物，德合无疆。含弘光大，品物咸亨”，借此数语赞美甲金文字、文献，亦足以当之。

汉语汉字，生生化化，足显先民智慧。

一百个古汉字浅解

下编

安

最初的字形象屈膝而坐的女子，女子臀部下方有条短小的斜线，表示女子臀部安坐在脚跟，以此体现安处、安宁的意思。至于这个斜线是指事符号，还是表示坐垫，很难确定。后来在这个字形上面加"宀"，"宀"在古汉字中是房屋纵剖面的象形，原字形上面加"宀"的意思是表示女子在室中安坐。战国晚期的金文又在原字形的下面加"心"作意符，强调心里安宁，便又加深了一层意义。

有意思的是，那条附加的短线一直延续到小篆时代才省去，这一方面说明汉字的传承性很强，同时也说明小篆确实有删繁就简的功劳，体现了汉字发展的正确方向。"安"在铭文里有时表示安宁、问安的意思。

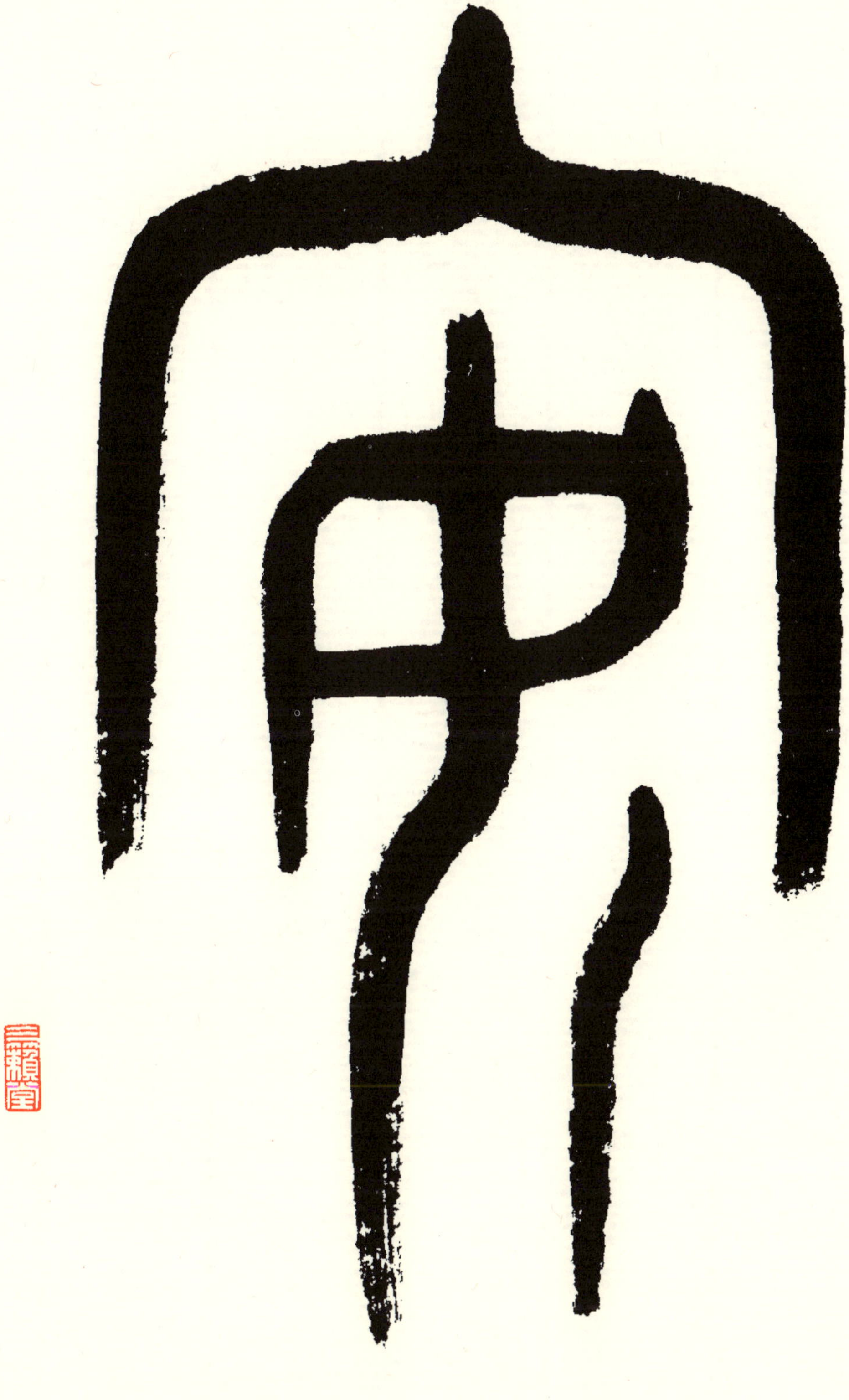
三籁堂

甲骨文作

金文作

小篆作

败

〔敗〕

甲骨文第一字形从贝从攴会意，“贝”兼作声符。古代多用贝作为装饰物或货币，“贝”是海贝的象形。“攴”的字形表示手里拿着木棍，作为构形部件多表示击打等行为动作。“败”字从贝从攴，意思是以手持棍击贝，本义是毁坏，引申为破败、失败等义。甲骨文第二字形用“鼎”作意符，一般认为是“鼎”与“贝”形近而讹，在古文字体系里二者多通用。金文第二字形从二贝从殳，从二贝是意符繁化，与从贝表意相同。“殳”是一种长柄器物，后用作兵器，用作意符含有击打、投掷的意思。作为意符，从殳与从攴表意相同。

甲骨文作

金文作

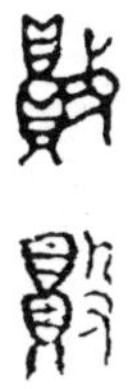

小篆作

邦

从邑，丰声。甲骨文“丰”字有等形，有学者说是表示植树于土。金文增“邑”作意符表示封土为界，以为城邑，隶定则为“邦”，可见“丰”与“邦”当是一字之分化。又考铭文“封”或作，与甲骨文“丰”的字形相同，又作，故隶定作“封”，因知“丰”与“封”也是一字之分化，增“又”作意符是表示分封的行为。“又”有时写作“寸”，作为构形部件，“寸”与“又”在春秋战国时期常常通用。从语言角度看，分封的行为叫作“封”，其分封的土地也叫作“封”，后来为区别词义，以“封”为动词义，以“邦”为名词义，“封”与“邦”本音义相因相承。周时天子有天下，诸侯有邦国，大夫有家。“邦”在铭文里多用邦国义。

金文作

小篆作

宝

〔寶〕

甲骨文字形是“宀”下有贝有玉。古人以串贝或串玉作货币，故以“贝”或“玉”表示宝物。“宀”表示房子，“宀”“贝”“玉”合体则表示室中珍宝，引申为宝贵等义，是个会意字。金文增加“缶”作声符，成了形声字。古代没有轻唇音，读“缶”如“宝”。

在象形字、指事字或会意字的基础上加声符成为形声字，是汉字发展的一个基本方向。“宝”字的构形极多，无非增减声符或意符，掌握了基本规律就不难理解。“宝”在铭文里多是珍贵、珍爱的意思。

甲骨文作

金文作

小篆作

保

甲骨文从子从人，且多置“子”于“人”的背后。甲骨文第一字形与早期金文显示为大人环臂伸手负子于背的意象，故知字形以大人背负小儿会意，本义是保育。金文第六字形是常见字形，与甲骨文第四字形即西周字形相同，“子”旁一短撇是早期手形省略后的遗迹，也可能是区别符号。后为求对称，有时又增一短撇。末字战国金文增“爪”为意符，有人以为是从人，孚声，即以“爪”“子”合成“孚”而声化。“保”在卜辞中或用护佑义。铭文用保佑、保持、保卫等义。或用为官名，即太保。

甲骨文作

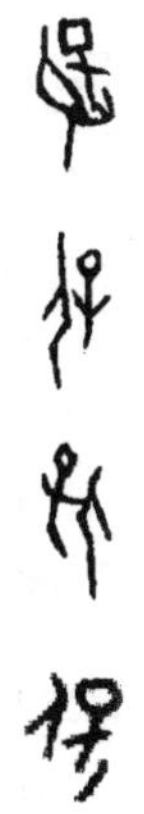

金文作

小篆作

奔

甲骨文从㫃（yǎn）从止。“㫃”本象古代旗帜顶部的飘带，是“旂”（qí）字的初文，后世为求形音密合，分化出以“其”作声符的“旗”字，“㫃”在本字结构中表示军旅。“止”是脚的象形，用作意符表示与行走有关的动作。第四字形增“彳”（chì）作意符，“彳”与“止”组合就是“辵”（chuò）字，现在多写作“辶”，从止从彳与从辵表意相同。“㫃”下加“止”或“辵”表示追逐敌军。金文第一、二字形继承甲骨文字形。第三字形以后则属于另外一个系统，其中，第三字形从夭从三止会意。“夭”象甩开双臂奔跑的人，也是“走”字的简体，下面是三止，三只脚表示跑得快。第四字形“止”讹变成“屮”（chè），三只脚就成了三棵草，这不是造字本意，学者把这种现象叫作“讹变”。不过也有新的说法，因为“三棵草”就是“卉”字，“卉”是“贲”（bēn）的声符，所以也可以把“奔”的结构理解为从夭，贲省声，文献“贲”通“奔”就是佐证。第五字形又增加了“彳”作意符，可能是为了弥补“三棵草”不能表意的缺陷。第六字形可以看成是艺术装饰体。《石鼓文》中的“奔”字则写成三个“走”字并列，吴昌硕的临本写作，是一个新的会意方法。大概因为笔画太多，不便书写，不久就自然淘汰了。“奔”在文献里多作快跑、追逐、逃亡、奔赴、奔走效力等义。读去声有投靠、竭力做事的意思。卜辞或用追逐义。铭文多用奔赴、奔走效力义。

甲骨文作

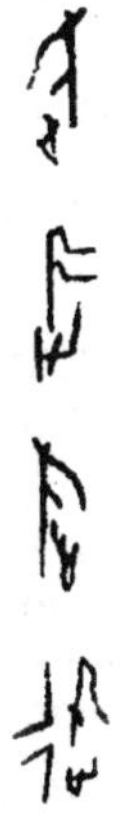

金文作

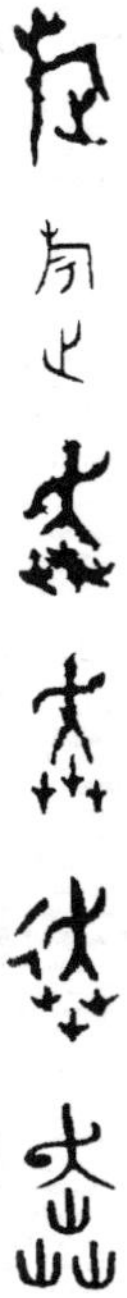

小篆作

宾

〔賓〕

甲骨文字形很多，各有简省。学者认为，繁体应是早期字形，其形分为两大部分，第一部分可以理解成会意字，有从宀从人、从宀从元、从宀从兀和从宀从万（不是繁体作"萬"的"万"）四种写法，而"元""兀""万"其实都是"人"字的变体，所以这四种字形表意相同，都表示人的居处。后世在"万"上加一曲笔就成了小篆中的"丏"（miǎn）字而兼作声符。第一部分的第二个意符是个独体的"卩"或"女"，都是双膝着地、双脚支臀的人形。"卩"或"女"与上述字形又组合为一个复合意符，表示人在居所。"宾"字初文的第二大部分是意符"止"，"止"象人脚之形，在甲骨文里多表示运动中的人或人行走的动作，用在"宾"字的初文里，方向对着表示人在居所意义的复合意符，意思是有人来到主人居所。所以，"宾"字初文是从宀(miàn)从卩(或从女)从止，宀亦声。整个字的构形意义是，主人（用"卩"或"女"表示）在他所居住的房屋里（用"宀"表示）迎接来临的客人（用"止"表示）。本义是迎接、迎导，引申指宾客，后世分化出表示引申义的"傧"字。因为宾客来临要以礼相待，赠以礼物，故又引申为赠送礼物，再引申指所赠送的礼物。卜辞中多用迎导神灵之义。铭文多用宾客、馈赠或所赠物品等义，故增"贝"为意符。后世根据字形隶定作"賓"，汉字简化后作"宾"。

甲骨文作

金文作

小篆作

兵

甲骨文字形下面是双手，也就是“廾”。双手上面是“斤”，“斤”是斧头一类的工具或武器。用六书分析法解释就是从斤从廾，也就是双手举斧。金文第二字形在“斤”下增一横为饰笔。“兵”的本义是兵器，引申为战争、军队、士兵之义。在卜辞和铭文里用本义。

甲骨文作

金文作

小篆作

秉

早期字形的左边是“禾”，右边是“又”，“又”是右手的象形，这里表示手的动作。用六书分析法来解释“秉”，就叫作从又从禾会意。本义是禾把或握住，引申为把持、执掌、秉持、坚持等义。作名词后世写作“棅”，增“木”作意符。“棅”也写作“柄”，声符同音替换。

从语源学角度说，“秉”“棅”“柄”是一组同源词。一手握住一禾为“秉”，一手握住二禾就是“兼”，所以现在把一身二职称作“兼”。金文“兼”作  。

甲骨文作

金文作

小篆作

并

〔並〕

甲骨文基本字形是第一字形，写作一横上面并列两个“大”，“大”在这里表示站着的人，一横代表大地。第二字形是两个“大”字并列，表示两个人并肩站着。金文延续第一字形，下或增一横作装饰符号。隶定作“竝”，后世作“並”，现在简化字写作“并”。本义是并列，引申为对等、比匹等意思。也可以用作副词和连词。

甲骨文又有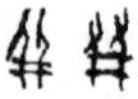，金文作，以二短横贯串二人或二又，隶定作“并”，本义是兼并、吞并。可见“并（倂）”与“並（竝）”的意义不同，汉字简化后统一为“并”。

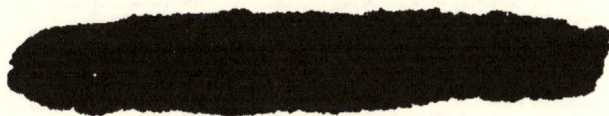

甲骨文作

金文作

小篆作

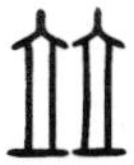

步

甲骨文早期字形是一前一后的两只脚，用六书分析法解释叫从二止会意。金文前四字形为一组，后二字形为一组。前面一组的前三个字是商代字形，最末一字是西周晚期字形。后面一组的前一字是商代字形，后一字是西周早期字形。按时期先后比较字形的变化，可以看出汉字进步的足迹。后一组字增“彳”为意符，“彳”是“行”字的左半部分，作为意符多用于与行走、行为和道路有关的字。“步”的本义是步行、行走，引申为追随、步伐、步骤等义。

现在把两脚之间的距离叫作一步，古代视为半步，称作“跬”，而古人说的一步是指双脚各抬起一次落下后的距离。

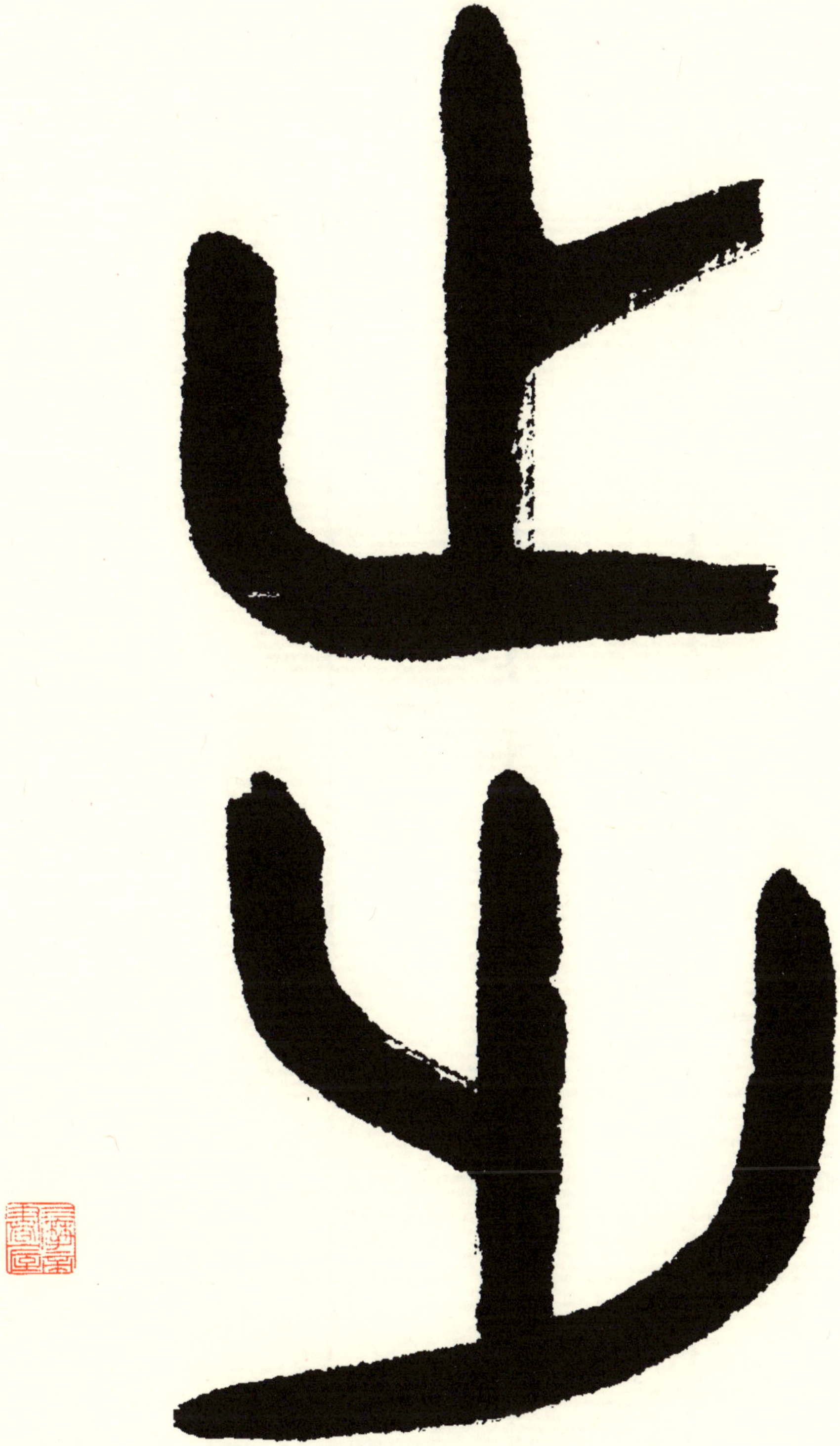

甲骨文作

金文作

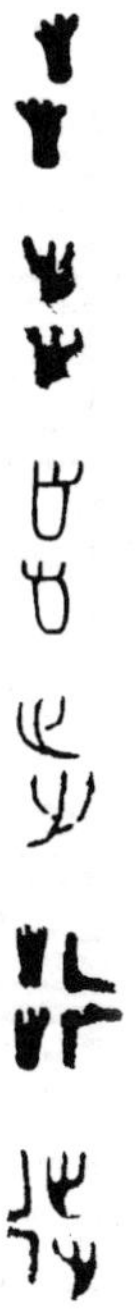

小篆作

采

甲骨文第一字形从爪从果会意，表示用手摘取果实。第二字形“果”省形作“木”，金文沿用。因为字形中“爪”的表意功能逐渐不为一般人所知，后世增提手旁为意符，写作“採”。“采”的本义是摘采，引申为开采等义。又借以表示色彩，后世作“彩”。

甲骨文作

金文作

小篆作

册

甲骨文第一字形是编简的象形，可见“册”最早是作为编简形式出现的，是中国早期书籍的样式。第二字形以后有的从又，有的从廾，通常应该是表示手里拿着或捧着，但这里没有区别意义的功能，实际与“典”是同一个字。根据周朝的制度，王有所封赏，其令必记录在册，并以一定仪式发布，称之为“册”或“册令”，所赐的物品称为“册赐”。卜辞“典”与“册”形义俱近，故有时通用。“册”在铭文里多是册书、册令、册封的意思。在古代文献中也用作书籍计量词。

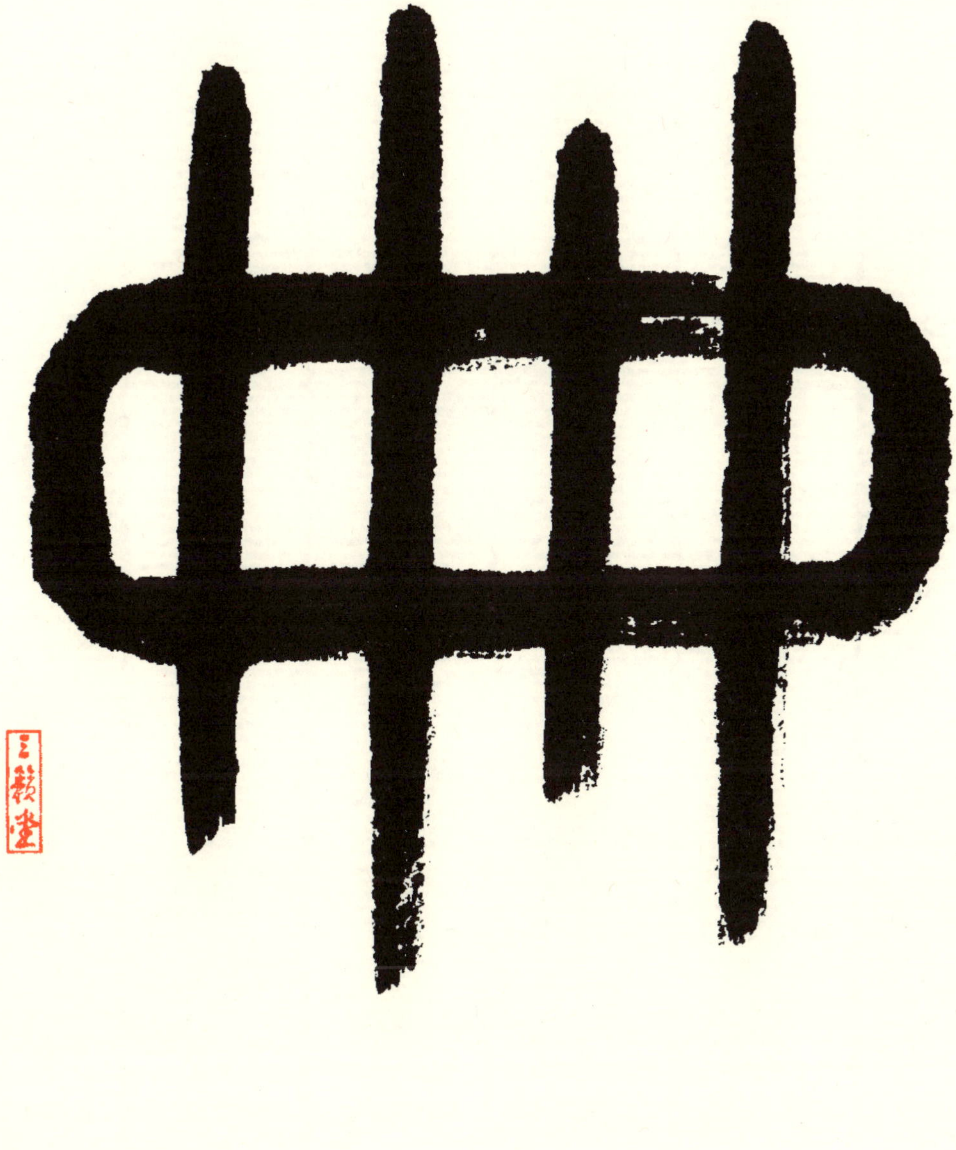

甲骨文作

金文作

小篆作

称

〔稱〕

这是一个会意字。字的上面是一只手，下面是一个物件，组合起来就是用手抓起一件东西，以此来表示提起、抓起、称量等义，隶定作“爯”。因为古时称量多用于谷物，故加“禾”作意符，“爯”转为声符，字写作“稱”（简体字作“称”），于是分化出一个表示引申义的形声字。后来意义由实转虚，引申为称扬、抬举、举用、举行等义，又引申为权衡、述说、名称、相称、著名、声誉等义。“称”在铭文里多是称颂、举起的意思。后世又由“称”分化出“秤”字，今音读去声者表示衡器或重量单位，读阴平声者表示用秤称量。

甲骨文作

金文作

小篆作

承

字的中间是个人，字形作“卩”。人下有二手，“二手”隶定作“廾”。合体象双手托起一人，以此表示捧起、奉承的意思，“奉”就是今天说的“捧”，“捧起”就是“奉承”的意思。“承”的本义是捧起或奉承。词义虚化，引申为承受、担负等义。“承”在铭文里有时用同“丞”，作官名。

三籟堂

甲骨文作

金文作

小篆作

乘

甲骨文字形象一个人爬到了树上。有人认为，人的双脚甚至将树枝压弯了，所以字形中的“木”是其变形。“乘”字以“人在木上”会意，表示爬上、登上的意思。有些字形在人腿下面加了两个“止”，就是两只脚，表意性更强。金文第五、六字形属于西周晚期至战国时期，把意符“木”改成“几”，表示人登几而上，当是重构意义。现在说的乘舟、乘车、乘马的“乘”，就是用的本义。由此引申为凭借、欺凌、超越、践踏等义。古代一车四马为一乘（shèng），所以“乘”也指车马。“乘”在铭文里有的是乘坐的意思，有的也指一车四马，又或用作人名。

甲骨文作

金文作

小篆作

齿

〔齒〕

字形演变显示，“齿”起初是个很有具象性的象形字，后来逐步简化，晚期金文加“之”或“止”作声符。造形声字是为了与语言密合，体现了文字发展的方向，而讹变则多是由求书写方便造成。现在说“牙齿”，“牙”与“齿”没有区别，但在古代，“齿”是指门齿，“牙”是指臼齿。“齿”的常用引申义有年龄、类别、并列、口头提及等。“齿”在铭文里有时用作氏族名、地名。

甲骨文作

金文作

小篆作

赤

早期字形上面是个“大”，构形中含有盛大的意思。“大”的下面是“火”。“赤”字的造字方法是借大火赤红表示颜色赤红，会意字。小儿初生，浑身赤红，所以叫“赤子”，后又由婴儿体赤引申为裸的意思。“赤”在古代文献里有时借用为“斥”“尺”。在铭文里用“赤”字表示红色。

从列举的甲骨文、金文字形中，我们能够清晰看出“赤”字的演变历程，其他汉字也是这样，只要用心留意古今字形的演变，掌握基本规律并非难事，学习书法的人更能从中体会书写的笔意、笔势和用笔方法。学习古汉字是学习古汉字书法的必由之路。

甲骨文作

金文作

小篆作

从

〔從〕

“从（從）”字的最简字形与现在的简化字一样，就是并列二人，表示一人跟随一人，本义是相随。或者加个“彳”作意符，“彳”是“行”的左半部分，主要作为汉字构形部件，用在与道路或行走相关意义的字中，它代表的基本意义是道路或行走。二人并列与“彳”组合起来，就是二人一前一后地走在路上。或者在字形下面加个“止”作意符，“彳”与“止”组合起来是“辵”，就是后世的“辶”形，更是明确表示行走的行为，用作意符。表示相随的意义虚化后，有随从、率领、顺从、追逐、从事、从属等义。又用为副词、介词，皆由本义引申。

值得注意的是“从”字中二人之形的方向，甲骨文、金文都以左向居多，到了小篆时代字形已固定为左向。若是写成相背的两个“人”字，那就是“北”了，这个“北”是“背”的初文，引申有相背、违背的意思，与相随的意思正好相反，又借用为方位名词。

竹

甲骨文作

金文作

小篆作

（从）

（從）

道

字的外侧是个“行”字，是十字形道路的象形。字的内部是“首”字，一般认为“首”是声符，但也可能有代表人的因素。如果这样理解，“首”与“行”二者组合，就表示人走在路上或引导人走路的意思。按照这个字形隶定作“道”。有的字形下面加“止”作意符，这样的结构表意性更强了。有的再加上“又”或“寸”作意符表示动作行为，根据这个字形隶定作“導”，更明确地表示引导的意义，汉字简化后作“导”。由道路这个实义虚化，引申为道德、主张、方法、技艺、事理、规律、讲述、体验、施行等义。“导”的词义虚化，则又有引诱、导致、发源、开导、劝勉、疏通、传导等义。“道”在铭文里是道路或引导、守道的意思。

道

金文作

小篆作

得

早期字形的一边是“又”，是右手的象形，从又表示用手做事。一边是“贝”，古代货币。二者组合起来就是以手持贝，表达的意思是“得到”。有时把手形写在上面作“爪”。或作“寸”，“寸”与“又”通用。“贝”后来讹变作“目”和“见”。甲骨文第三字形以及金文第二、三字形增加了“彳”为意符，金文的第四、五字形加了“辵”为意符，“彳”与“辵”都表示行走的意思，那么“得”就有了行而有所得的意思。要注意的是，以手持贝叫“得”，这是造字方法，或者说造字寓意，但并不是说只有得到“贝”才叫“得”，而是抽象意义上的“得到”。在古代文献里“得”有时通“德”。在铭文中有的是获取、获得、选取的意思，也有的用作人名、氏族名。

甲骨文作

金文作

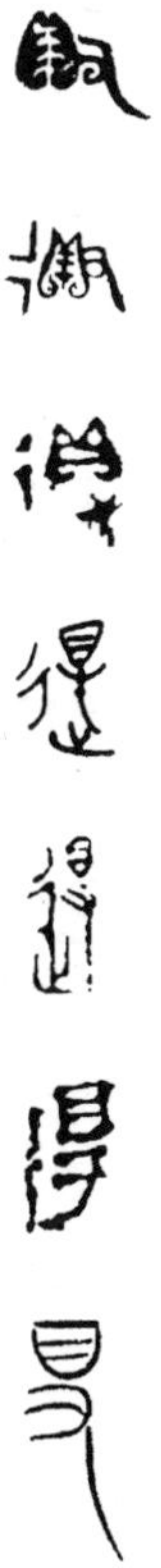

小篆作

发

〔發〕

甲骨文第一字形是在“弓”旁加个指事符号。第二字形是在“弓”旁加几个小点，小点表示弓弦振动的状态或声音。弓弦振动出声，说明是在射箭。第三、四字形增加了意符“攴”，表示以手拉弓，成了会意字。金文第一字形与甲骨文第二字形相同，第二、三字形与甲骨文第三、四字形相同。第四字形则增加声符癶，即“癶”（bō），成了新的形声字。本义是发射、射出，引申为发出、出发、开始、启动、发生、阐发、发布、兴起、高扬、揭露、显现、派遣、交付、卸下、毁坏等义。

“发（發）”字以手拉弓表意，与头发的“发（髮）”原不相干。头发的“发（髮）”从髟（biāo），犮（bá）声。“髟”表示头发很长的样子。汉字简化以后，“發”与“髮”统一写作“发”。

甲骨文作

金文作

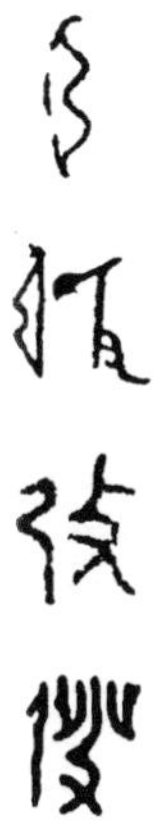

小篆作

焚

甲骨文第一字形下面是“火”，上面是“林”。第二字形“火”的上面是“艸”（古“草”字）。第三字形是“火”上加“木”。火烧林、火烧草、火烧木，意思相同，都是烧的意思。第四、五字形下面是双手举火把，上面是“草”或“林”，表示的意思更加明确。用六书分析法解释，就叫从火从林会意，从火从草会意，从火从木会意，从火从廾从艹（或林）会意。《说文》作“樊”，后世异体作“棼”，从林，分声。现在通行的字形是继承了金文的写法，也是甲骨文的第一个字形。“焚”的本义是焚烧。在卜辞、铭文里有时用本义。

焚

甲骨文作

金文作

小篆作

福

基本字形一侧是意符“示”，“示”是神主的象形。另一侧是声符“畐”（bì或fú），“畐”本是盛酒容器的象形，与“酉”同形，“酉”在古汉字里有时与“酒”“尊”“福”“富”通用。第七、八字形增“北”作声符。用六书分析法来解释“福”字，完整的说法是：福，从示从畐，畐亦声，会意兼形声。整个字形又或加“宀”，表示房子，合体表示家里吃喝富足。“福”的本义是祈福，引申为保佑、造福、福气、幸福等义。“福”在铭文里有时作祭名，有时指祭祀的酒，或表示福佑的意思。

福

金文作

小篆作

鼓

甲骨文左侧是鼓形，实际就是“鼓”字。右侧从攴，“攴”用在构形部件里表示手里拿着一个东西去击打的意思。“鼓”与“攴”组合显然表示敲鼓。金文第一字形表意明显，第二、三字形从“支”，这是“攴”形的讹变。“鼓”在古代典籍里一般用作名词，古代乐器。用作动词则为击鼓、敲奏，引申为鼓动、鼓起等义。“鼓”在铭文里有时用本义，有时用敲奏义。参见“礼（禮）”字条、“彭”字条。

三籟堂

甲骨文作

金文作

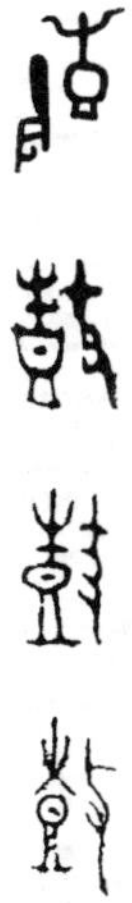

小篆作

光

早期字形下面是“卩”，“卩”象一个蹲坐的人，有时候也写作“女”，从卩与从女表意相同。人形的上面是个“火”字。合体是一个人举着火把的意象。本义是火光或抽象意义的光亮，引申为光辉、光明、荣耀的意思，又引申为时光、景色、发光、照耀、恩惠等义。“光”在铭文里有时是光彩、光宠、荣耀、增光、赏赐的意思，有时用作人名。看甲骨文人上之“火”，可知古汉字的“火”与“山”形近，故容易相混。

甲骨文作

金文作

小篆作

国

〔國〕

金文第一字形是早期基本字形，隶定作“或”，其结构分两部分：左侧小圆圈或小方口形象城邑，上下各加一横来表示边界。右侧从，按照的字形隶定作“必”，实际是“柲”的古字，意思是兵器的柄，此处代指武器。这样看来，“或”的构形当是表示武装守卫的区域或城邑。本义是疆域，或特指古代部落或诸侯分封的邦国。铭文作“或”者，有时用疆域义，有时用邦国义，有时通“有”“又”。后世的“或”字多用作无定代词。在“或”的字形外增“囗”（wéi）作意符，隶定作“國”字，简化后作“国”。一般认为，这个“囗”就是古“围”字。“囗”或省形作“匚”，表意相同。有时又在“或”的字形上增“土”作意符，分化出“域”字。金文最末字形从或从邑，从邑与从土表意相同，实际也是“域”字。由上可知，“或”“域”“國”于古实为一字，后世各有分工。《周礼》所谓邦国者，皆为诸侯之国，铭文多用此义。“或”字上横右延插入“”则为“戈”，故后世“國”字从戈。

金文作

小篆作

函

从矢在器中会意，器形外的小圈表示手提的环，本义是装箭头的器具。引申之，用来装其他器物的东西叫函，如剑函、镜函。封套也叫函，如信函、书籍之函。甚而类似封套的东西都叫函，如铠甲或称函，后增“金”旁。

“函”是用来装东西的，所以又有包含、容纳义，与“含”同义。不过“函”的意义也可能源自“含”。增水旁则为“涵”，派生出一个新字。词义引申、字词孳乳，一般都是这种规律。“函”在铭文里有时通“陷”，是陷入的意思。有时读“虔”，是敬顺的意思。

甲骨文作

金文作

小篆作

和

〔龢〕

甲骨文字形左侧从龠（yuè），右侧是声符“禾”。甲骨文“龠”字作，金文作，是古代管乐的名称。商代的“龠”双管同奏，其音和美。初文是编管的象形，管上有口形，表示是空管，或说象编管乐器的吹孔。“龢”字从龠，上部或增从倒置的口形，表示人口对着龠管吹奏。本义是乐声和美动听，引申为味道和美，又泛指和美、和谐。“和”在铭文里有时用本义，有时用引申义。金文第四字形以“音”代“龠”，这是弃形取义。后又以“口”代“龠”，以“和”“龢”通用，更取简省。

甲骨文作

金文作

小篆作

（和）（龢）

获

〔獲〕

甲骨文从隹从又会意。“隹”是鸟的象形，“又”是手的象形，“隻”字从隹从又，表示一只手逮住了一只鸟，表达的意义是捕获、获得，说明“隻”代表的词是“获（獲）”，亦即“获”的初文。战国文字“隹”繁化为“雀”，见“获”字金文第四字形所从。今体沿袭小篆，隶定作“獲”。从犬的意义可能有两种解释：一是狩猎往往带犬，这是狭义的理解。一是以犬代表兽类，那么用“犬”作意符就是表示打猎的收获。“获”字通行以后，“隻”的字形被借来用作表示与“双”相对的量词。汉字简化后，“隻”写作“只”，又与表示“只有”意义的“衹”合并成一个字形。“获”在铭文里有时是俘获、攻取、战胜的意思，有时通“护”。

另外，甲骨文里还有个字，左侧从禾，右侧的是镰刀的象形，字从从禾会意，表示用镰刀收获庄稼，这个字后来隶定作“穫”，汉字简化以后与“獲”统一写作“获”。

甲骨文作

金文作

小篆作

及

甲骨文字形前面是个“人”，后面是个“又”，“又”紧贴“人”后，意思是后面一人的手抓住了前面一个人。金文第四字形增“彳”为意符，“彳”又或作“辵”，表意就更加明确了。本义是赶上、逮住，引申为到达等义。又用作连词、介词等，也是实词意义的引申和虚化。

甲骨文作

金文作

小篆作

集

金文第一字形作“木”上从三隹，显然是以群鸟聚集于树上会意，其余字形都用简体，用六书分析法说就是从隹从木会意。金文第四、五字形增“亼”（jí）为声符，“亼”古同“集”。“集”的本义是降落、栖息、聚集。“隹”，甲骨文作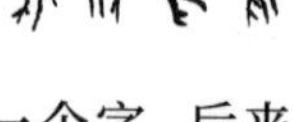，金文作，隶定作“隹”，象展翅而飞的小鸟，与“鸟”本是一个字，后来分化为两个字。“隹”在卜辞、铭文里多读如“唯”，用作助词、副词或连词。后世多用在鸟名或与鸟相关的字中作意符，如“雀”“鸡（雞）”“鹤”等字。

甲骨文作

金文作

小篆作

（或体）

继

〔繼〕

会意字。字形象连缀起来的两束丝，是“继”的初文。本义是连续，引申为随后、继承、接济等义。铭文用继续义。金文字形中的二短横是省文符号，代表一个。参见“绝（絶）”字条。

金文作

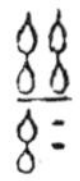

小篆作

监

〔監〕

甲骨文的左侧是个器皿的“皿”，右侧象一个人睁大眼睛低头向器皿里面观看。其中第一、三字形的“皿”字上还有一个小点，表示器中有水。金文继承了甲骨文的写法。甲骨文和金文字形表现的都是一个用水作镜子的场景，是“以水自照”的生动描写，它实际是要表示一种盛水的器物，相当于现代浅底的水盆，这就是“监”。后世或增“金”作意符，字写作“鑑（鉴）”，汉代铜镜铭文作“镜”或“竟”。“监”的动词义是用水盆当镜子自照，名词义则指器物，即镜子。用六书分析法解释字形结构，就叫从见从皿会意。由“以水自照”引申为借鉴义。由“俯身下看”又引申为以上视下，即监临、监察、监测等义，转而用作官名或官府名，义皆相因。今有jiān和jiàn两种读音。“监”在铭文里有时是视察、监察的意思，有时用作官名，或指水器。注意金文“监”字的写法，表示有水可以用小圆圈或横点，也可以省去。人形的位置有一定随意性。金文第五字形中的“目”写作“臣”形，这是春秋时期的写法。参见“临（臨）”字条。

甲骨文作

金文作

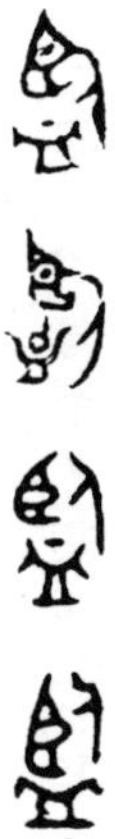

小篆作

见

〔見〕

甲骨文及西周金文中的“见”字，字形“目”下的人是屈身形，而“目”下的人作直立形的就应读为“视”。就是说，在这个时间段里，“见”与“视”是以字形细微不同加以区别的，后来则改用加声符的办法，如“见”加“示”作声符的“视”字，加“氏”作声符的（金文）字。“见”侧重于看见，在古代文献中多用看见、见解的意思。又读xiàn，意思是拜见、出现，即被看见，后世造“现”字表示这个意思。“视”在卜辞中多用覲见、进献的意思。在铭文中有时表被动。

甲骨文作

金文作

小篆作

疆

甲骨文写作两个“田”。金文第一字形沿袭甲骨文字形，第二、三字形在“田”中间或上下增加横线，明显是表示田界，隶定作“畺”，是“疆”的初文。金文第四字形用的是借字，从弓，畺声，隶定作“彊”。《说文》解释“彊”的意思是“弓有力”，说明“彊”字是以弓有力表示强大有力，是“强大”之“强”的本字，而“强”的本义则是一种虫，但文献假借用为“彊”。因“彊”与“畺”形音俱近，所以就在表示弓有力的“彊”字上增意符“土”或“阜”表示疆土，如金文第五、六、七字形。本义是田界，引申为疆域、领域、边陲等义。在古代文献里或通“强”。在卜辞里用作地名，在铭文里一般表示田界、疆土、边际的意思。

甲骨文作

金文作

小篆作

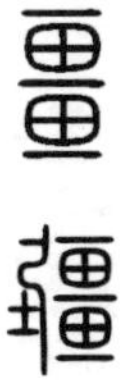

（或体）

教

甲骨文第一字形以“爻”（yáo）为声符，意符是“攴”，表示动作。第二字形“爻”下加“子”，含有教育子弟的意思。

“教”与“学”是同一事物的两个方面，对一方而言是“教”，对另一方而言则为“学”，义本相因，故一字可以兼教、学两种意义，后来才分出两个字。古代训诂学家把这种语言现象说成“施受同辞”。铭文有时通“效”，有时也用作人名。参见“学（學）”字条。

甲骨文作

金文作

小篆作

解

甲骨文字形下面是“牛”，“牛”的上面是双手抱着牛角，表示用手取下牛角。金文第一字形与甲骨文相同。第二字形从牛从角从攴，“攴”表示分割的动作。第三字形从牛从角从刃，就是用刀割下牛角，“刃”表示所用器械。小篆从刀，从刀与从刃表意相同。以上字形都是以割下牛角表示分割、剖开的意思，引申为分裂、离散、排解、免除、脱落、开放、晓悟、解释、辩解等义。铭文有时读“懈”，解开与松懈音义相通，后来增加“心”作意符。

甲骨文作 

金文作 

小篆作 

井

字形是水井四周围栏的象形，后世在“井”里面加个小点作装饰符号，也可能表示其中有水。在一定时段里，或体现为区别符号或用字习惯。本义是水井，引申指人口聚集的地方。又因为井有围栏，所以引申为法度的意思，后来增加“刀”或“土”作意符，分化出“刑”与“型”。又由水井的“井”分化出陷阱的“阱”，并增“阜”作意符加以区别。在卜辞、铭文里有时用作国名、地名，因为是国名、地名，所以后世增加“邑”作意符，就是“邢”字。“井”在铭文里有时通“型”，是法度、效法的意思；有时通“刑”，是惩治、刑罚的意思。

井

甲骨文作

金文作

小篆作

敬

“敬”字初文作“茍”(jì)，有人认为这一字形象一只狗耸耳蹲坐的样子，这个字在铭文里表示警觉的意思。第三字形以后一般都加了“口”，加“口”的意义不明，可能是装饰符号。字的右侧又增“攴”作意符，表示行为动作。“敬”的本义是警觉，引申为严肃、谨慎、恭敬等义。“敬”在铭文里多用上述这些意思。

初文“茍”与从“草头”之“苟”音义不同，后世讹变相混，所以，文字形体的演变有时有理，有时无理，都不妨碍作为文字使用，但学人则应当寻绎源流，弄清所以变化的原因，并探求演变轨迹及其规律，这对于识字、明义、正字、规范语言一定会大有好处。

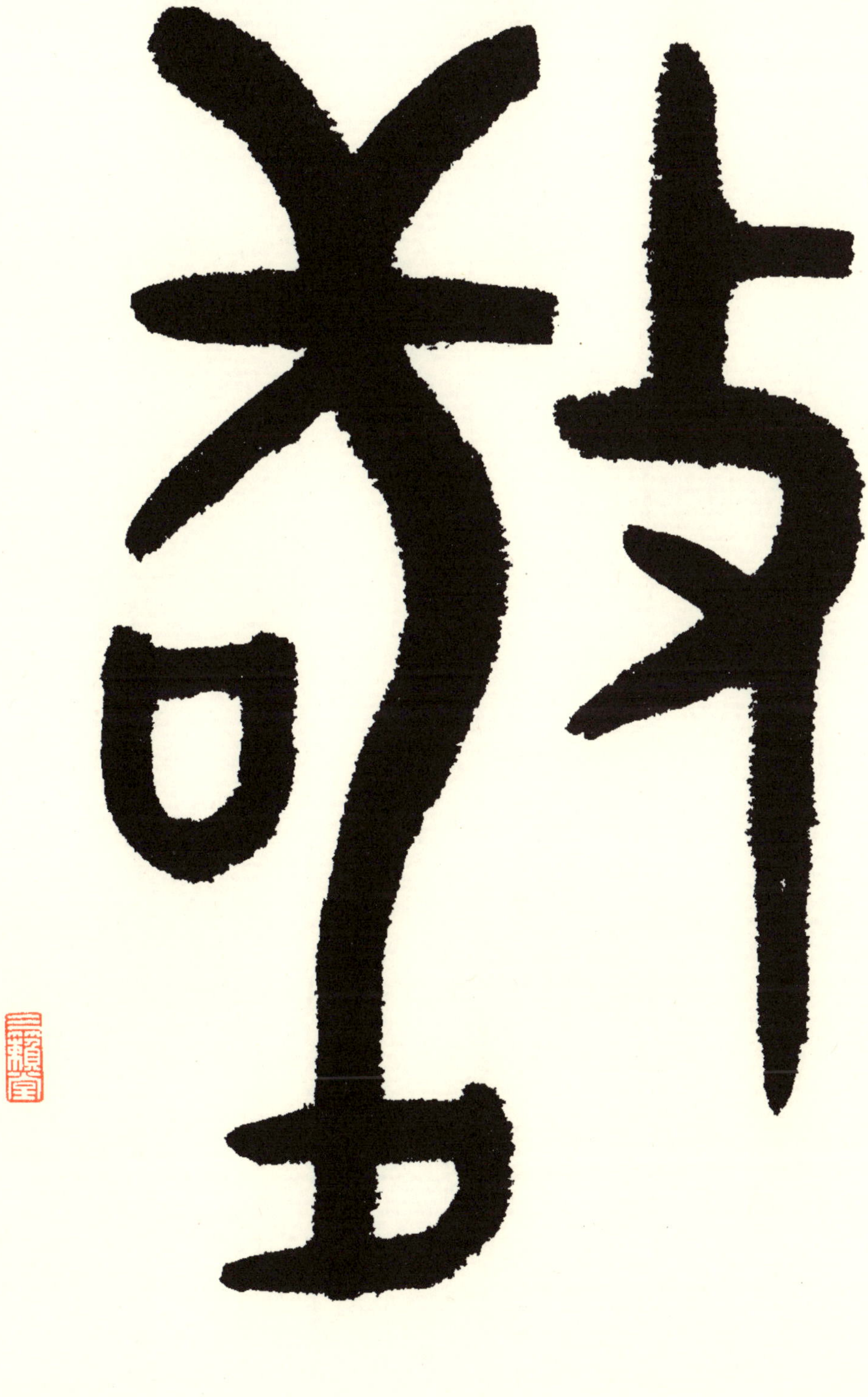

金文作

小篆作

绝

〔絕〕

金文字形以刀割断二丝会意，小篆从刀从糸，卩声。本义是割断，引申为中断、横越、停止、抛弃、免除、灭绝等义。“绝”在铭文里用断绝的意思。参见“继（繼）”字条。

金文作

小篆作

牢

从字形看就知道，“牢”指牲畜的圈，外为栏，内为牲。圈内饲养的或是牛，或是羊，所以字形或从牛，或从羊，后世统一从牛。金文第四字形增一长横表示关闭圈栏的意思。此字发现很晚，但为小篆字形的来源提供了最可靠的证据。“牢”的本义是饲养牛羊牲畜的圈栏，引申为监狱、牢固等义。

这里介绍几个古代文化知识：第一，“牢”在卜辞里是指圈养以供祭祀之用的牲畜，这说明古代只有经过特殊圈养的牲畜才能用于祭祀，因此也就把圈养这些牛羊的地方称为“牢”。第二，古代祭祀分太牢、少牢，在古代文献里，“太牢”“少牢”也写作“大牢”“小牢”。通常的解释是太牢用牛，少牢用羊、猪，可见称“太牢”与“少牢”是根据祭祀所用的牲畜大小区分的。第三，古代“牢”字还有一个异体作“宰”，学者认为，最初“宰”字可能是读“少牢”，后来才成为“牢”的异体。第四，金文“太牢”合文作，而类似的合文在卜辞里有许多用例，这也是古人的一大创造。

甲骨文作

金文作

小篆作

礼

〔禮〕

“礼（禮）”的初文，从壴从珏，隶定作“豊”。“壴”是古“鼓”字，“珏”即二玉。古代重大礼事多用鼓用玉，所以字形要从壴从珏。“礼”在铭文中有时用典礼义。有时通“醴”，是一种甜酒。有时也用作人名。参见“鼓”字条、“彭”字条。

三籟堂

甲骨文作

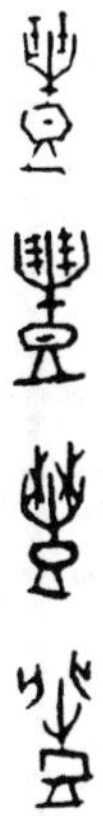

金文作

小篆作

（豊）

（禮）

力

一般认为，“力”是由挖掘植物或点种用的尖头木棒发展而成的一种翻土农具，字形中的短画表示踏脚用的横木。把“力”底部的尖锐部分加宽为刃形就是“耜”（sì）。后世又在加宽的木刃上加上金属套，这就是战国、秦汉时代常用的“臿”，即“锸”（chā）。“臿”“锸”后来孳乳为“插”，三字同源。

作为构形意符，“力”与“耒”（lěi）可以通用，但形制原本不同，“力”“耜”“臿”自成一系，都是独刃尖头，而“耒”则是一种底部分叉的翻土农具。文献借农具之“力”用作力量之“力”。

甲骨文作

金文作

小篆作

立

字形象一个人站在地上，本义是站立，引申为建立、设立、制定、确立等义。人站立就必然占有一定位置，所以“立”在古文字体系里也当“位”字使用。占有一个位置就表示人来了，即为莅临，所以“立”也可以当“莅”字使用。就是说，在古文字体系里，表示“立”“位”“莅”的意义可以使用同一个字形，在铭文里就是这样。

甲骨文作

金文作

小篆作

临

〔臨〕

甲骨文第二字形表意明显，左侧从水，右侧是一个人俯身张目向下看，表示人临近水边而从上往下观看。金文“人”与“目”分离，竖“目”又写作“臣”字形，水形也有较大讹变，以至后人误解为从品。本义是从上往下看，引申为上层人物治理下属或上层人物来到下层等意义，又引申为监临、监视等义。“临”在铭文中用监临、莅临的意思。参见“监（監）”字条。

甲骨文作

金文作

小篆作

眉

字形下面是眼睛的象形，就是“目”，“目”上是眉毛的象形。因为眉毛难以单独表现，所以要用“目”作衬托。表示水边意义的“湄”，从水从眉。为什么要这样构形呢？因为陆地在水边也就像“眉”在“目”边一样，所以古人就用“眉”字表示“湄”的意义，后世为此造“湄”字。在铭文中，“眉”就读“湄”。

由此可以知道一个规律：一个字往往既可以表示本义，又可以表示引申义或假借义。而意义变化以后就可能会增加意符，使这个字的表意性更加明确，这样就又分化为两个或两个以上的字形。一方面要尽量减少字形，力求一字多用；另一方面，一字多用又会影响表意的明确性，所以要增加意符，再造新字。文字就是在这样对立统一的矛盾斗争中不断调整、发展起来的。

甲骨文作

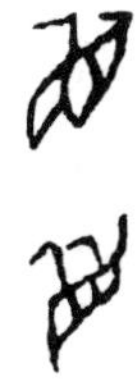

金文作

小篆作

年

甲骨文从禾，人声。金文第四字形在“人”字中加点为饰笔，点加长后即成为“千”字并用作声符。第五字形在“千”下又加一横为饰笔，就成了“壬”（tǐng）字形。“年”的本义是谷物成熟或庄稼收成。金文时代用为年岁的“年”，后引申为年代、岁月、寿命等义。

三籁堂

甲骨文作

金文作

小篆作

弄

字形的上面是“玉”，下面是“廾”，“廾”是双手的象形。“廾”和“玉”组合，表示以双手捧玉，会意字。看金文字形可以知道，“廾”与“艸”形近易混，所以要注意区别。“弄”的本义是赏玩，引申为玩耍、作弄、从事等义，进而又引申为乐曲、奏乐、扮演、修饰等义。

古人以双手持玉把玩而造“弄”字，今人可能觉得不可思议，但古人以玉比德，是当时的一种风气。看商代族徽文字 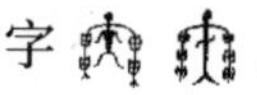，是一人颈部佩戴贝饰的形象，可以推知古代推崇贝、玉一类装饰的世风。

金文作

小篆作

女

甲骨文第一字形象敛手跪坐着的侧面人形，有人认为，“女”与“奴”古音相近，“女”可能是一个奴隶的形象。第二字形在“颈部”加短横，可能带有指事性质。“女”的本义是女子，但在古书里还常常被借来用作第二人称代词。后来为了区别字形，就借用表示水名的“汝”字来表示这个意义。要是问“女”与“汝”怎么音近呢？看“汝”不是从“女”得声吗？可见“女”“汝”“如”在那个谐声时代读音是相近的。在卜辞和铭文里，“女”与“母”多通用，后来增二点区别为“母”，于是由“女”分化出“母”字。有意思的是，在古文字体系里，“母”有时又表示“毋”的意义，就是后世说的假借为否定副词“毋”。为了在字形上加以区别，到战国时期，就把“母”字中间的两点连起来写成一个斜撇，用这个字形表示“毋”的意义，于是又由“母”字分化出一个“毋”字。

中

甲骨文作

金文作

小篆作

朋

古代以串玉或串贝为货币，五枚一串，二串玉为珏，二串贝为朋。由表示货币的“朋”引申为朋辈、朋友、俦类等义。甲骨文、金文又有等字，隶定作“倗”，从人从朋，朋亦声。“人”或讹作“勹”，学者读“勹”为“伏”，认为是给追加的声符。《说文》小篆以“凤”代“朋”，不是“朋”的字形，故本书不取。

三籟堂

甲骨文作

金文作

彭

字的主体部分是“壴”，是“鼓”字的初文。“壴”字旁加若干小点表示声音，小点后世固定为“彡”（shān）。因为声音难以描述，所以用“彡”示意。根据字形隶定作“彭”，实际是个摹音词，今字作“嘭”。早期文献有时借“缝”代“嘭”，古代没有轻唇音，读“缝”如“嘭”，其实都是借字标音而已。“彭”在卜辞、铭文中用作地名。“彡”作意符，也用于表示花纹、色彩、光影等，如用在“彪”里表示老虎身上的花纹，用在“彩”里表示斑斓的色彩，用在“影”字里表示闪烁的光影。参见“礼（禮）”字条、“鼓”字条。

甲骨文作

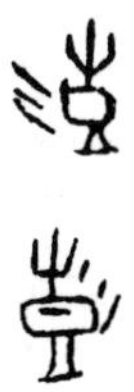

金文作

小篆作

启

〔启〕

甲骨文第一字形从又从户，表达的意思是用手开门。第二、三字形增“口”作饰笔，也可能有表示禀报的含义。金文表示动作的意符第三字形用“攴”，第四字形用“殳”，从又、从攴、从殳表意相同。“启”的本义是打开，引申为开拓、开通、开创、开始、引发、禀告、分开等义。铭文有时用开辟的意思，有时用作人名或氏族名。

甲骨文作

金文作

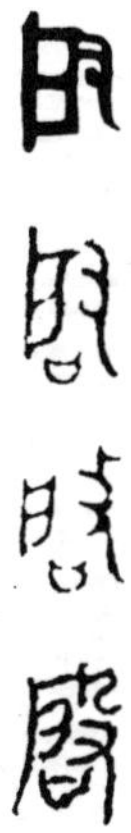

小篆作

取

字形一侧是“耳”，一侧是“又”，“又”是右手的象形，表示动作。“取”以“又耳”会意，表示取下耳朵。古代战争有时要求将士割取敌人左耳回来计数报功，这个事实可以帮助证明“取”字的造字寓意。“取”的本义是获取、捕获，引申为收取、拿出、采用、得到等义。

字典上说“取”有时通“娶”，说“通”当然不错，也是最简明的解释。但仔细想想，实际“娶”与“取”音义俱通，“娶”就含有“取女”的意思，是个会意字，古代抢婚的习俗可以看成是个脚注，所以，“取”与“娶”是同源词。像这种情况，有时说通假，有时候说同源，有时候说音义俱通，重要的是能够神会而贯通。

甲骨文作

金文作

小篆作

泉

字形象水从洞穴中流出，会意字。本义是泉水或出水的地方，引申指水源、地下水。后世也称“钱”为“泉”，其一是因为“钱”作为货币起流通作用，而“泉”有流动的意象，二者切合。其二是因为“钱”与“泉”古音相近，如“线”的异体字作“線”，“戋”与“泉”作为声符同音互换，而“钱”字也是从“戋”得声。

甲骨文作

金文作

小篆作

上

“上”的字形是在长横上面加一个短横，表示某在某的上面。这样写容易与写作两横的“二”字相混，所以后世把上面的短横写成一竖，或者又在竖的右侧加个短横。“上”的本义指上方，引申指高处，又引申为上等、上天、君王。用作动词则有向上、进献、凌驾、登载、缴纳、遭遇等义。有时通“尚”，是崇尚的意思。“上”的反义词是“下”。甲骨文“下”作 ，金文作 ，造字方法相同。在卜辞和铭文里，“上下”表示天地。

上

甲骨文作

金文作

小篆作

涉

甲骨文基本字形是二止各在水的一侧，是双脚跨越水流的意象，会意字。从字形看，本义应该是徒步横渡，引申为沿水路而行，又进一步虚化，引申为渡过、经历、涉及等义。在早期语言里，沿着陆路出行叫作“跋”，通过水路出行叫作“涉”。卜辞里说“王涉归”，意思是商王经由水路回来。后来的“跋涉”成为同义并列双音词。参见“步”字条。

甲骨文作 

金文作 

小篆作 （或体）

身

字形象侧面站立、腹部突出的人，突出的“腹部”作圆弧形，也可能兼作指事符号。圆弧形内或加小点，金文又加短横，可能是饰笔。本义是指身体的腹部，引申为身体、生命、身孕、毕生、亲自、体验、担任、身份等义。

甲骨文作

金文作

小篆作

声

〔聲〕

甲骨文第一、二字形左上角是悬磬的象形，悬磬下是一“耳”一“口”，实际就是古“听”字；右侧是“攴”，表示手拿棍棒敲击。仔细分析以上几个字形的合体，应该是表示叩击悬磬、发出音响、耳能听到这样一个综合意象，“听”兼作声符。第三、四、五字形结构大加简省，但由于有第一、二字形作对比，也很容易推知其结构。本义是乐音，后泛指声音，引申为发声、名声等义。“听”“圣”“声”三字音义相通，本是由一字分化，故早期典籍多通用。参见“圣（聖）”字条。

甲骨文作

小篆作

圣

〔聖〕

金文第一字形从人而突出人的耳朵，“耳”下从口，与“听”字构形相似，也可以认为就是古“听”字。甲骨文也有类似字形，表示的意思应该相近。第二字形的人形演变成“壬”，用作声符，后世多沿袭此体。

古代社会万事简陋，很难借助外物，而外界环境又极为恶劣，听力显得特别重要，所以就尊崇听觉特别好的人为“圣”。治理政事同样需要听到各种声音，更尊崇善于听取意见的人为“圣”。听的行为叫作“听”，听到的叫作“声”，听力好的叫作“圣”，音义相因，故早期文献“圣”“听”“声”多通用。“圣”的本义是听力好的人，引申指无所不通的人。“圣”在铭文里多用圣明、聪敏、智慧等义。参见“声（聲）”字条。

金文作

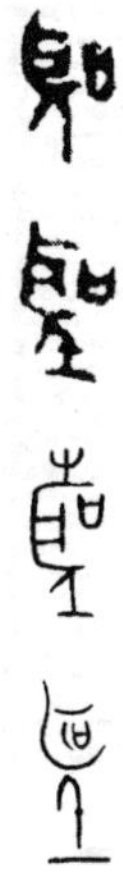

小篆作

食

会意字。字形的下面是“皀”即“簋”，古代用来装食物的器具。字形的上面是个倒置的“口”，这个“口”可能表示张口吃，也可能是器盖的象形。“食”的本义可能是名词，指盛在簋里的食物、饭食，引申为粮食、俸禄，又泛指食品；也可能是动词，意思是吃或吃东西，引申为享受、祭献、接纳、使用等义。又表示亏损的意思，后世作“蚀”。甲骨文有“飤”（sì）字，意思是给人东西吃，古代文献里有时用“食”字表示“飤”的意思。喂养也叫“食”，后世写作“饲”。

甲骨文作

金文作

小篆作

首

本义指人或动物的头，后泛称植物或其他事物的顶端。进一步虚化，引申为顶端、第一、紧要、首领、开端、首创等义。铭文里有时用本义，有时通“手”。“首”与“头”古音相近，“头”的繁体作“頭”，从页（xié），豆声，“页（頁）”是“首”的象形变体，“头（頭）”是“页”字的增声符字。比较甲骨文与金文的两组字形，可以看出金文较之甲骨文有了明显的进步。

甲骨文作

金文作

小篆作

寿

〔壽〕

从老省，𠃬（chóu）声。“𠃬”即古“畴”字。“寿”的本义是长寿，引申为寿命、长久等义。“寿”在铭文里有时用寿命、年岁、长寿等义，有时用长久义，有时指年长者。

金文作

小篆作

受

早期字形上为“爪”，下为“又”，实际都是手的象形。中间的“舟”或是声符，或兼作声符。合体表示一人给予，一人接受。本义有接受、授予两种含义，后世学者把这种语言现象叫作“施受同辞”。后来为了从字形上区别字义，就用加了提手旁的“授”专表示授予义，“受”则专用于表示接受义。“受”由接受义引申为容纳、收取、容忍、遭到等义。铭文兼用授予、接受两种意义。

因为对一方而言是“受”，对另一方而言则是“授”，二者音义相因，语出一源，所以最初可以用一个字形表示，其文义应当在具体语境考察。这种做法的弊端是容易产生歧解，所以就有了用不同声调区别意义的方法，训诂学家称为“四声别义”或“声调别义”。声调别义的好处是少造新字，减少字形。但声调又不能体现在字形上，还不是最好的办法，于是人们想到增改意符或声符的方法，就又重新造字。这些都是汉字孳乳的基本方式和规律。

甲骨文作

金文作

小篆作

书

〔書〕

从聿，者声。“聿”即古“笔”字，以手持笔表意。“书”的本义是书写、撰写，引申为记载、书籍、文字、字体、书法、书信、文书等义。铭文多用本义。

書

金文作

小篆作

孙

〔孫〕

“孙（孫）”字的甲骨文第一字形左侧是“幺”（yāo）字，其实就是甲骨文“丝”字的简体，束丝的象形。“幺”的右侧是“子”。依字形可以理解为从子从幺会意。金文多从子从糸，表意相同。这种构形的意思是说“孙”是“子”的延续者，“糸”可能兼作声符。金文字形多把“子”与“糸”连接在一起，故小篆从子从系。“孙”一般指子之子。

甲骨文作

金文作

小篆作

望

甲骨文第一字形下面象一个人站在地上，人头上加个竖立着的“目”。第二、三字形在人下加“土”，表意相同。金文多增“月”作意符，可能是表示月相，也可能是表示望月。竖“目”形近“臣”，故后世“望”字或从臣。竖“目”又或讹作“耳”，又演化作“亡”作声符。依次比较金文二、三、四、五字形，由从目到从耳再到从亡的演化轨迹清晰可见。“人”形与“土”又合成了“壬”字，与“年”字的演变过程相同。本义是远眺，引申为景仰、名望等义。

甲骨文作 

金文作 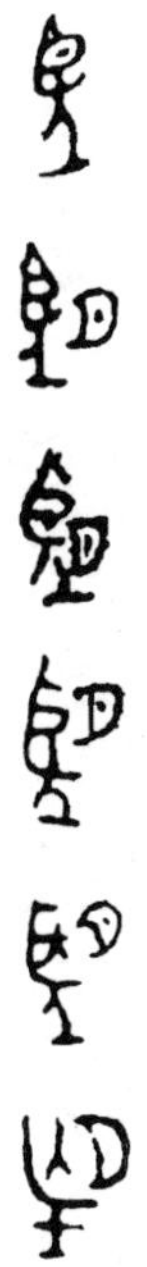

小篆作 （或体）

文

初文象正面站立而胸前刻有花纹的人形。金文的人胸前明显有心形等多样花纹，末字从王从文，是周文王之“文”的专用字。“文”的本义可能表示文身，后泛指花纹，引申为文采、纹饰、文德、文字、文章、文化等义。卜辞多用作对先人的尊称。铭文敬称先人为“文”或“文人”，一般认为是颂扬其有美德。由此看来，以胸刻花纹表示“文”，又以“文”来敬称或赞颂先辈，其中必有特别的文化背景和含义，有待探讨。

甲骨文作

金文作

小篆作

闻

〔聞〕

甲骨文第一字形是一人耸耳跪坐而以手指口的意象，口上或加二点，表示声音。合体可能是表示“耳听人口所言”或“别人口说而我能听到”。金文把人形与耳形分离，原先跪坐以手指口的复杂人形逐步演变成了“昏”，并且以它为声符，最终成了“从耳，昏声”的形声字。“闻”的本义是听到、听说，或自己口述而让人听到，引申为闻达、名望等义。铭文有时用听到、闻名等义，有时指声音的传播。有时通“昏”“婚”“问”。

在古代汉语里，“听”一般表示用耳朵主动感受外界的声音，“闻”则是外界的声音传入耳中。故“听”可以引申为治理义，正如“视”是主动去看，也可以引申为治事一样，而“闻”和“见”则没有这种意义。至于“闻”的嗅义，则是后起，而且也是经过被动接受到主动去闻这样一个过程。

当我们把文字、词汇、词义都纳入某种体系的时候，就会发现其中某种规律，前代学者把这种学问叫作“学”，否则，即使“字书罗胸”也不能叫作“学”，这是强调系统学问的重要。

甲骨文作

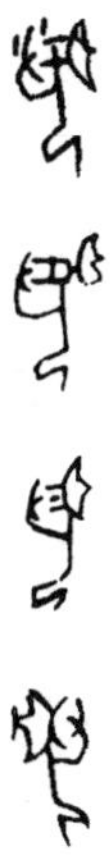

金文作

小篆作

无

〔無〕

甲骨文字形象一个人双手拿着装饰性舞具在跳舞，金文可能把表示装饰物的部件改造成“某”字作声符。“无（無）”是“舞”的初文，本义是跳舞或舞蹈。在卜辞中表示有无的“无”用“亡”字表示，而“无”则多表示祈雨的祭祀，由此可以知道，古代所谓“舞”实际是祭祀中的一种表演形式。铭文有时用舞蹈义。有时表示没有、不要的意思，即“无”和“勿”的常用意义。有时通“巫”。有时用作国名，就是文献所说的“鄦”国，也就是“许”国。有时用作人名。

甲骨文作

金文作

小篆作

武

甲骨文字形下为“止”，也就是脚；上为“戈”，代表武器。“武”字从止从戈会意，意思是带着武器上路。金文第一字形表意尤其显明，末字的艺术造型最为奇特。广为引用的“止戈为武”的说法并不是文字学上的意义，因为这个“止”在字形里不是停止、制止的意思。“武”的本义是从武、用武，引申为武力、军事、威武等义。“武”在铭文里有时用本义，有时用引申义。有时特指武士、武德，有时用作人名。

甲骨文作

金文作

小篆作

析

甲骨文字形右侧是“斤”，就是斧头一类的工具，左侧是“木”。从木从斤的意思是以斤破木，表示剖开的意思。有学者认为“析”与“折”本是一字，“折”的二短横是表示断裂的指事符号。但有学者认为，“析”是纵向剖开，“折”是横向砍断，二者不同。铭文有时用从中分开的意思，有时用作人名或地名。参见“折”字条。

抄

甲骨文作

金文作

小篆作

息

“自”是古“鼻”字，象形，后来加“畀”作声符成为“鼻”。甲骨文“息”字是在“自”下左右加数个短撇或小点，表示鼻子有气出入。金文在“自”下加小竖点，表意相同。战国晚期金文把小竖点改成“心”作意符，表示通过心肺器官喘气，后世沿用。本义是人的喘息、气息，引申为休止、滋生等义。用作名词表示子息，即儿子，也用以称指小的动物。“息”在铭文里有时用休止义，有时用作人名。

“息”的引申义有滋生与休止两种近于相反的意义，孳乳之，如儿媳的“媳”源自子息的“息”，由此知道“媳”的语源意义取滋生义；而熄灯的“熄”，其语源意义则取休止义，语源意义不同，所以表示的词义也不同。词语孳乳、词义衍生，往往皆有规律可循，得其经脉，必至融通之境。参见“臭”字条。

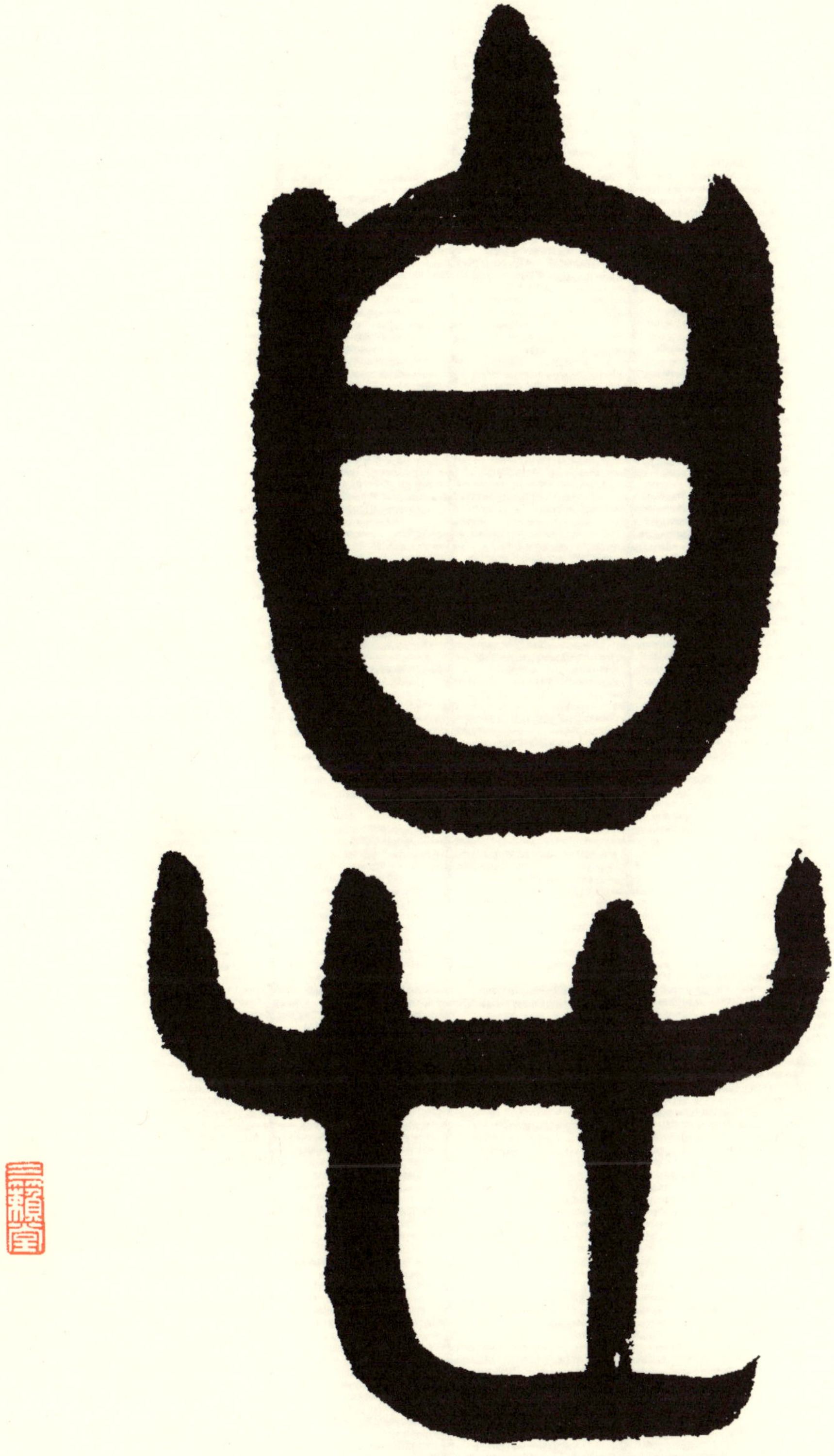

甲骨文作

金文作

小篆作

相

早期字形都是一侧从木，一侧从目。学者认为，木工在选择木料时，必定先仔细审视木料的情况，故以“目木”会意造“相”字。晚期金文或在字形下加二短横作装饰。“相”的本义是察看，引申为治理、辅佐等义。由辅佐义引申，则称辅佐君王的重臣为“相”，也把扶助盲人的人叫作“相”。“相”在铭文里有时用辅佐义，有时用作职官名。

甲骨文作

金文作

小篆作

嚣

〔囂〕

金文第一字形从㗊（jí）从页（xié）。第二字形是战国晚期字形，增“高”作声符，但字形则借下面四“口”的“口”而省去“高”字下面的“口”，古文字著作里说“从高省声”，意思是从省去“口”的“高”字得声。“页”是人头的象形，“㗊”表示众口，合体表示众口喧嚣。本义是喧哗，引申为嚣张、放肆等义。铭文有时用本义，有时用作人名。

古代文献中的“嚣”也写作“敖”或“嗷”，可知“嚣”与“敖”音近，那么，“嚣嚣”就是“嗷嗷”。现在人们还把叫嚣声说成“嗷嗷”，可见自有渊源。所以，文字、词语以及语音的研究，必须由流溯源，由源及流，了解古今流变，才能融会贯通。

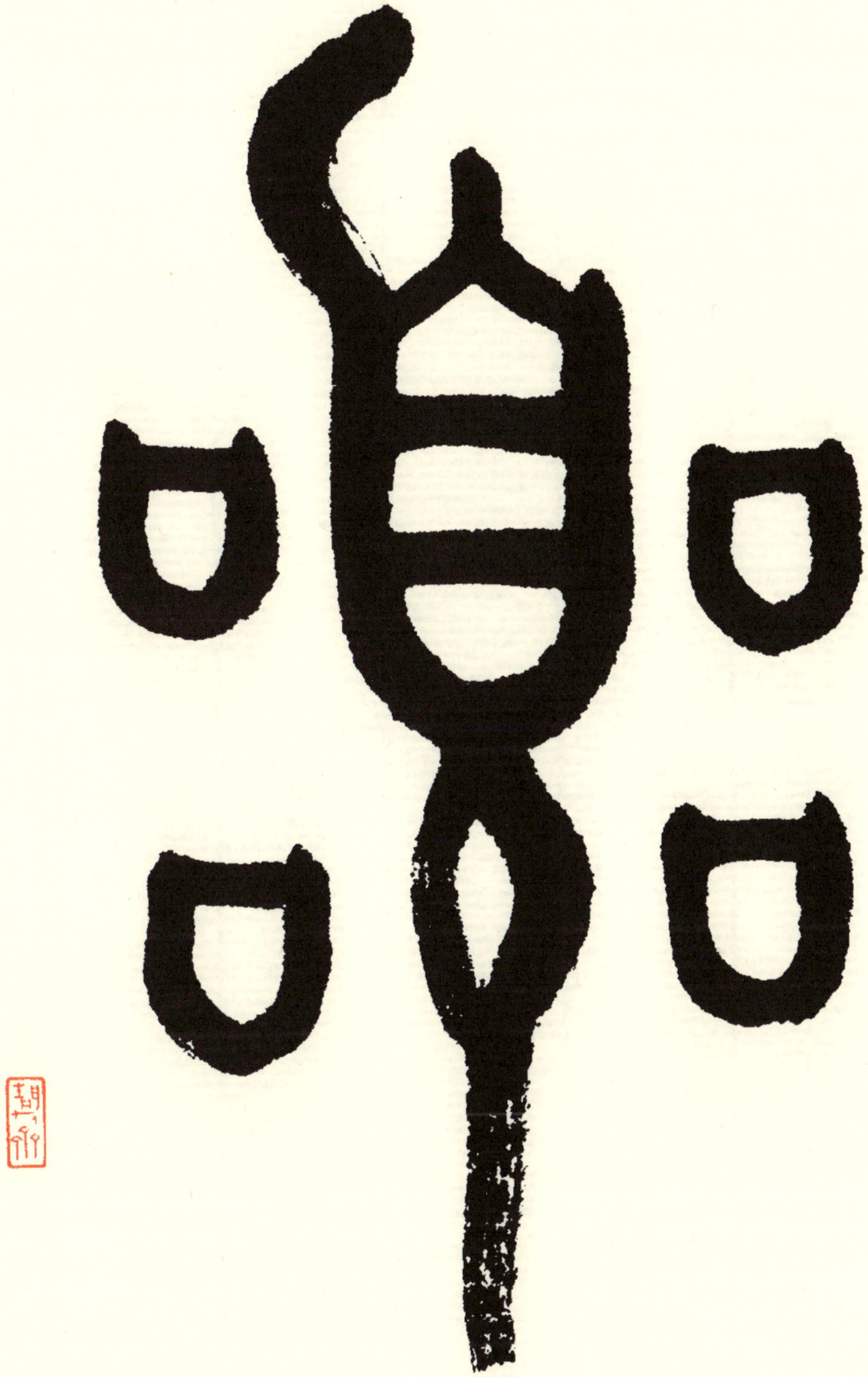

金文作

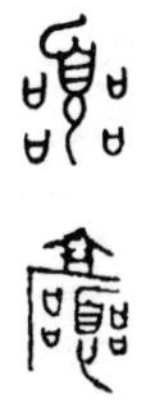

小篆作

（或体）

孝

早期金文字形的下面从子，上面是“考”字的省形，并作声符。可能因为尽孝是子辈的事情，所以要从子，这样看来，“孝”字可以理解为形声兼会意。金文第三字形以“食”作意符，又透露出“孝”含有以食物祭享先祖或孝敬老人的意思。从古代习语“以孝以享”可以看出，“孝”就是“以享尽孝”。铭文有时用本义，有时通“考”。有人说“孝”从“老”字的省形并且用它作声符，而“老”与“考”本是一字，“考”本由“老”分化，所以说“孝”从“老”字的省形也能讲得通。

金文作

小篆作

协

〔協〕

甲骨文或从三力，或从二耒二犬。“力”和“耒”皆为古代翻土农具。三“力”下有时增“凵”（即“坎”，坑穴）或“口”作意符，“凵”或“口”在这里应该是表示田地，合体表示合力耕作。金文简体沿袭甲骨文字形，繁体或从二耒三犬，表意相同。初文隶定作“劦”，后世繁化成多种写法，今体作“协”。本义是协同，引申为和谐、协调等义。在卜辞里有时用本义，有时用作地名。在铭文里有时用和谐义。

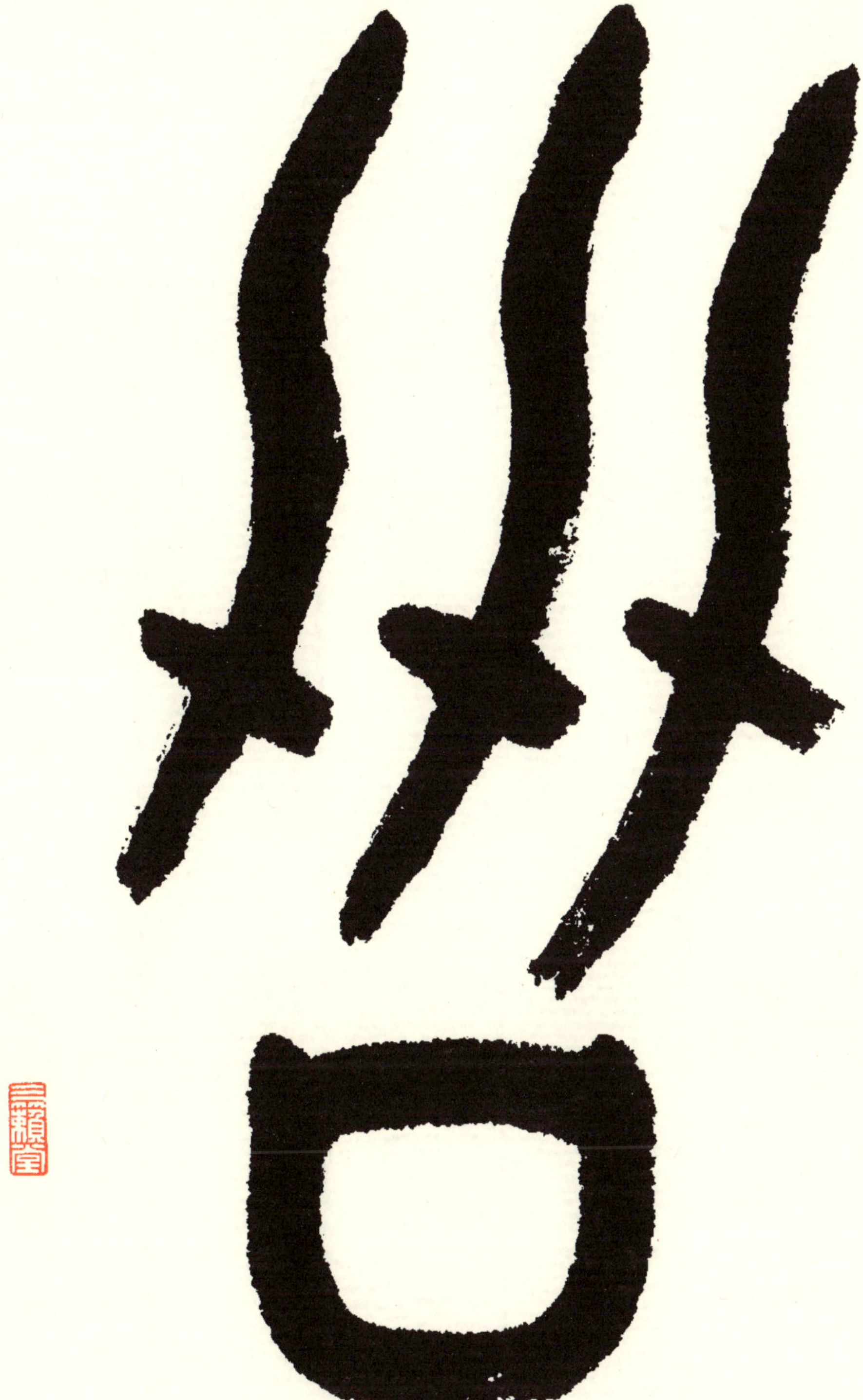

甲骨文作

金文作

小篆作

（劦）

（协）

心

象形，本义是心脏。古人认为“心之官则思”，是说“心”有负责思考的功能，故引申为心理、思想、思维、感情、意志、思考等义。卜辞或用本义，或用为地名。铭文或用抽象义，指思想。“心”作为构形部件多用在表示心理、性情一类的字里作意符。

需要注意的是，意符字用在不同位置可能会有不同的形态。如果作偏旁用在字的左侧空间偏长位置，就自然简化为竖心旁，如“性”“情”等字。如果用在下方偏宽的位置，字形压扁即可，结构不会有较大变化。但如果用在下方空间偏窄的位置，为了美观和方便书写，字形必然会相应改变，如汉碑“恭”或作  ，“慕”或作 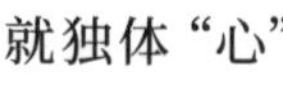。稍加比较，我们就能体会到其中的演进过程，而且会认识到这些变化是自然和必然的。比如，当楷书把汉碑“恭”“慕”中“心”字的一竖顺笔势写成左向钩的时候，自然就成了现代汉字的字形，这说明笔画形态的形成也与笔顺有关。

就独体“心”字而言，若依次比较甲骨文、金文字形，并进而往下一个历史时段考察，如秦简牍文或作 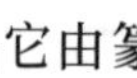，汉代以下依次作 ，我们就能清楚地看出它由篆书、隶书、楷书到草书的演进轨迹。

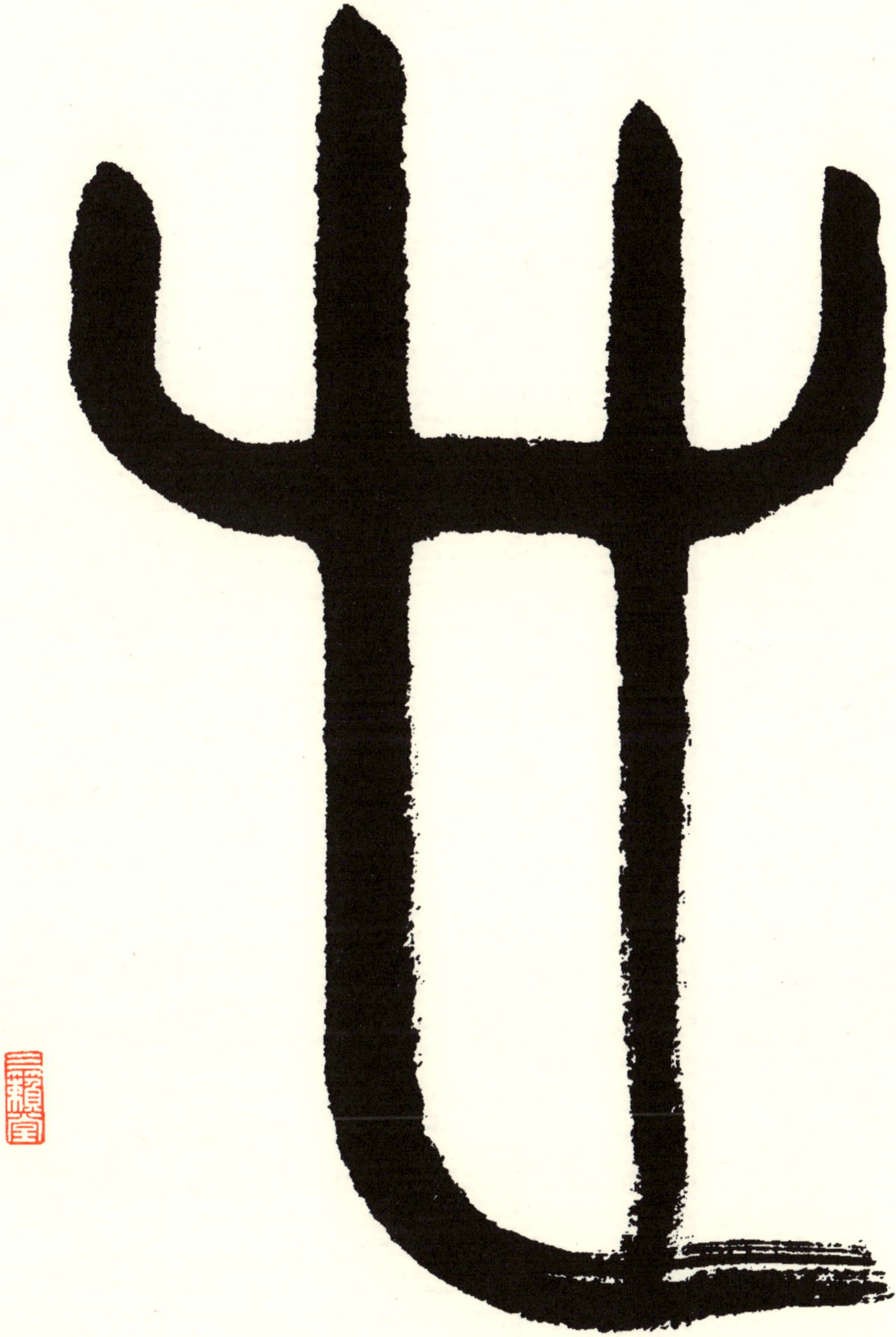

甲骨文作

金文作

小篆作

星

甲骨文从二口或多口形，生声。金文从晶，生声。本义是星星、星体。在古代文献里多用星体、星宿等义。“星”在铭文里有时用作人名。甲骨文有 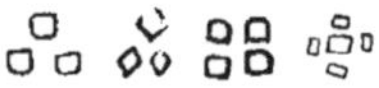  等字，今据“曐”的古文异体作“曐”，从三口形，生声，故推知甲骨文从二口或多口形，其实就是“晶”字。

因为日、月只有一个，可以用象形字表示，而星星众多，难以用一个字形表示，所以就用几个小圆圈表示群星的意象，这种造字法体现了先民的智慧。圆形不便于契刻，所以在甲骨文里往往刻成方形。有时又在其中加个小点，变成“日”字形，于是成了“晶”。而写作几个小圆圈的字形下面加“生”作声符就是“曐”，写作“晶”字形的下面加“生”作声符就又成了“曐”，“曐”省形就是“星”，于是分化为“晶”与“星”两个字，后来“晶”专用于表示明亮的意义，“星”专用于表示星星的意义。“天上的星星亮晶晶”，这句话说出了“晶”与“星”的关系，二字古音也很接近。

甲骨文作

金文作

小篆作

（或体）

行

象形，对物而言表示大道，对人而言则表示行走。从字形看，本义应指大道，但卜辞兼有名词和动词两种用法，铭文则多用行走、德行二义。词义引申大致因循名词和动词两条途径，名词引申为行列、行伍、排行、行业等义，今读háng。动词引申为通行、施行、流行、经历、巡视等义，行为、品行等名词义也归此类，今读xíng。为了组字方便，用作构形部件时多作“彳”或“亍”，一般用作意符，意思与“行”相近。铭文用道路、行列、征行、巡行、施行、履行、德行、行为等义。

甲骨文作

金文作

小篆作

臭

甲骨文、金文字形的下面都是“犬”，上面是“自”。“自”就是古“鼻”字，狗的鼻子嗅觉灵敏，所以用“犬鼻”组合起来表意。用六书分析法解释就是从自（鼻）从犬会意。本义是气味或用鼻子去闻气味，今读xiù。词义缩小以后，语音产生细微差别，用“臭”（chòu）专指污秽难闻的气味，故造“齅”和“嗅”两个字表示闻气味。“齅”字从鼻从臭，臭亦声，似乎更能表意，但因为笔画太多终遭淘汰，留下“嗅”字沿用至今，可见字形太繁太难写则不受欢迎。参见“息”字条。

甲骨文作

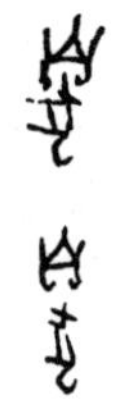

金文作

小篆作

学

〔學〕

甲骨文第一字形上为“臼”（jú），是双手的象形，表示动作。“臼”中是“爻”，作声符。下从宀，表示房子。合体会意，表示在室中教学。第二字形所从之“”实际是“爻”的省形。第三字形省“臼”。以上三个字形用六书分析法说，分别是从臼从宀从爻，爻亦声；从臼从宀从爻省声；从宀，爻声。第四字形与第一字形相同，只是位置稍有差异。第五字形从臼，爻声。第六字形从宀，爻省声。第七字形是在第六字形左右增加二又即二手作意符。不过也有学者认为甲骨文“学”字表示用算筹学习占卜。

施者为“教”，受者为“学”，二者相因相生，音义相通。金文增意符“子”，以示教子受学。又增意符“攴”，表示动作，小篆或作，据金文第二字形和小篆字形隶定则作“斆”，表示这个意义的字后世写作“教”。铭文有时用学习义，有时用教人学习义，有时用教化义，有时指学宫。

孤立的一个字形是静态的，而考察一个字的不同构形可以变静态为动态，不仅有利于我们确定基本字形以及字义或词义，而且可以帮助我们借以考察不同时代、不同地域或不同个体的书写习惯。参见“教”字条。

甲骨文作

金文作

小篆作

（学）

（斅）

艺

〔藝〕

金文第一字形显示一人用双手在土里植树，后世或从廾，或从又，或从臼，都表示行为动作。本义是种植，引申为技艺、才能等义。后期金文解散初形，“木”下增“土”为意符，人伸出双手的形状演变成“丮”，从丮与从廾、从又、从臼表意相同。“丮”的下面有时加个“女”字形，“女”实际是“止”的讹变。据字形隶定作“埶”，后世作“藝”，汉字简化后作“艺”。在铭文里有时用本义，有时用树立、治理、繁衍等义。

甲骨文作

金文作

小篆作

益

甲骨文前三字形象水自器皿中溢出，“水”与“皿”连成一体。第四字形为金文所继承，象水流出器皿之外。从构形角度看，已形成“八”字形的“水”与“皿”上下两个部件。大概因为“八”字形不易看出是水形，故小篆改作横写的“水”。第五字形从水从皿，成为左右结构，可视为后世“溢”字的雏形。“益”本是“溢”的初文，用作表示增益的意义之后，就另造了个增加“水”为意符的“溢”字表示本义。“益”在卜辞中或表示祭祀用牲法。铭文或通“镒”，计量单位。又通“谥”，指古代帝王、贵族、大臣死后，人们根据他们生前的行状所给予的带有褒贬意义的称号。

甲骨文作

金文作

小篆作

引

初文在“弓”旁加斜线表示牵拉的动作。后世附加斜线与“弓”脱离，变成一竖，离析独体也是汉字走向部件化、符号化道路的途径之一。本义是开弓，引申为牵拉、延长、长久、引领、招致、持取、提拔、引用、陈述、避开、收敛等义。“引”在卜辞、铭文里多用长久义，有时用作人名。

甲骨文作

金文作

小篆作

荧

〔熒〕

一般认为，字形象两个交叉并举的火把，为“荧”的初文，本义是火光明亮。也有人认为，这个字形象二木交叉，上象花形，则是“荣”的初文，本义是草木之花。其实，“荧”与“荣”本由一形分化而成，所以在铭文里二字多通用。而且，“火”与“花”二者也容易产生相似的意象，如草木之“花”古代写作“华”，也用作光华之“华”，说“光荣”即含光、荣二义。铭文多用作“荣”，国名。有时用作“禜”，祭名。有时用作“鎣”，器名。

金文作

小篆作

友

甲骨文从二又并列，即以二手相并，会意字。西周甲骨文增装饰符号“口”。金文或上下结构，或左右结构，装饰符号“口”又或演变为“曰”。本义是友好、互助、朋友，引申为结交、顺从、相亲相爱等义。“好朋友，手拉手”就是对“友”字构形的注解。“友”在铭文里有时用朋友、友好、做朋友、同僚或下属等义，有时通“又”“右”“侑”“贿”。

甲骨文作

金文作

小篆作

有

甲骨文未见“有”字，卜辞里有无之“有”皆用㞢或又。金文“有”字从又从肉会意，又亦声。以手持肉是表示有所得。本义可能是拥有或获得，引申为保存、保护、丰收等义。“有”在铭文里多用作有无之“有”，有时用作连词、助词，有时通“佑”。“又”与“有”通用，是古籍常例。留意看一下金文字形，前两个自然生动，后两个更富装饰意味，令人惊叹古汉字之美。

金文作

小篆作

渊

〔淵〕

甲骨文第一字形象水潭形，隶定作“㶜”。第二、三字形增从水为意符，则字形可解为从水从㶜，㶜亦声，隶定作“淵”。金文有时用变形省体。本义是水流盘旋处、深水、深池，引申为深邃、源头等义。“渊”在铭文里多用深邃义，指思想深邃。

三籟堂

甲骨文作

金文作

小篆作

（或体）

月

象形。因为太阳是圆的，故“日”字作圆形，月亮常常不圆，故“月”字写成半圆形。在古文字体系里，“夕”与“月”多不分，因为只有“夕”时才能见“月”，意义有关联。甲骨文常见字形作“夕”字形，西周甲骨文作“月”字形，如用在相同时段的卜辞里往往也加以区别。本义是月亮、月球，故称月亮盈亏一周期为一月，又引申指时光。铭文指月份。

甲骨文 ，象大块的兽肉，是“肉”的初文。后世与“月”字形近而相混，故战国文字往往在“肉”旁右上方加短斜画作区别符号，如“胃”字作 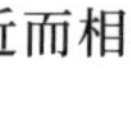。或在“月”的左下方加短撇相区别，如 。今体表示与肉或肢体相关的字，它们的意符虽然写作“月”字形，实际是“肉”形的讹变，从造字构形角度看，从月则无法解释。其他还有一些古文字，如“服”的左部本是“舟”旁，“青”的下部本是“丹”字，经过隶变以后，“舟”和“丹”都变成了“月”字形，这些也是书写造成的讹变。

甲骨文作

金文作

小篆作

乐

〔樂〕

从幺（yōu）从木会意。“幺”是双股束丝的象形，这里是以丝代弦，“木”代表木架。丝在木上表示是琴瑟一类带弦的乐器。本义是乐器或音乐，引申为快乐、喜悦等义。金文或加“白”作声符。后世“乐”有lè与yuè两种基本读音，意义也有不同。“乐”在铭文里有时用音乐、奏乐或使人快乐等义。

甲骨文作

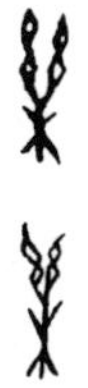

金文作

小篆作

折

甲骨文第一字形右侧从斤，“斤”是斧类工具。左侧为断开的“木”字。“斤木”会意，表示用斧头把木头砍断。第二字形增从又，表示手的动作。金文第一字形沿袭甲骨文，第二字形加二短横指示断处。后世因“断木”相连而讹作“手”形，小篆沿用，故隶定作“折”。本义是折断，引申为裁断、屈从、折服、弯曲、减损、挫败、折磨、损害、毁坏、死亡等义。卜辞、铭文皆有用本义的例子。参见“析”字条。

刲

甲骨文作

金文作

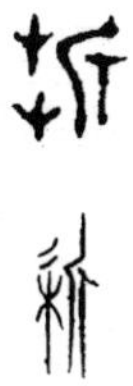

小篆作

旨

早期字形从人从口会意。金文第四字形增短横装饰，作“千”字形。“口”内或增短横则为“甘”，后世作“日”，如甲骨文、金文“香”字都是从黍从口，后世“口”讹变成“甘”，今体从日。还有一种观点认为“旨”从匕从口会意，“匕”是汤勺的象形，表示用汤勺品尝味道。本义是味美、美味，引申为美好、意图、宗旨、主张等义。“旨”在铭文里有时指味道甘美，有时用作人名，有时通“诣”。

甲骨文作

金文作

小篆作

至

甲骨文常见字形是在倒置箭头的下面加一横，一横表示箭头到达的地方。第二字形为倒置，偶见。第三字形“箭头”写成短横，已近今体。本义是到达，引申为极点、穷尽、周密等义。又引申为导致、给予等义，则与“致”义同。“至”在卜辞和铭文里有时用本义，有时同“致”。

甲骨文作

金文作

小篆作

志

从之从心会意，“之”兼作声符。“之”的意思是往，就是到某处去。那么，“之心”就可以理解为内心的追求，本义是心志、志向、目标。《说文》“志，意也”，可作注脚。“志”在铭文里多用本义。

金文作

小篆作

中

早期字形是在一竖的中部加圆形或方形符号，表示位置正中。甲骨文第五字形作㫃形，“㫃”即后世“旗”字，本象旗旒飘动之形，一竖表示旗杆。金文第一字形是在带㫃的“中”字下增“㫃”作意符，可以理解为从㫃从中，显示了“中”与“㫃”的密切关系，因此推测，“中”可能是古代氏族的徽帜，战时用以召集民众。

有学者认为，“左中右”“上中下”“前中后”“大中小”等观念，应该都是在文字出现之前就存在于人们头脑之中的，所以，含有中间一类意义的“中”这个词，应该早就存在，绝不会先出现作为徽帜、旌旗名称的“中”，然后引申出“中”的一般意义。“中”在卜辞里有时用中间义，在铭文里也多用中间、中等义，应该就是“中”的本义。在铭文里，两种字形的“中”字还有一个不同，就是表示中正之“中”多有㫃形，而表示伯仲之“仲”或“史”字所从之“中”则多无㫃形。

中

甲骨文作

金文作

小篆作

州

甲骨文字形一般都解释为象河川中有陆地，字形中的小圆圈表示陆地，也可以理解为指事符号。有学者认为，到东周时期，字形的中间部分已经声化为“丩”（jiū），秦汉简牍中作三丩形，实际还是以“丩”作声符，后世沿用。本义是水中陆地，后来用为国名、民户编制名称或区划单位名称。为了与表示州县意义的“州”相区别，后世增“水”旁作“洲”表示本义。铭文用作人名或地名。

甲骨文作

金文作

小篆作

逐

甲骨文常见字形从豕（shǐ）从止会意。“豕”即现在说的猪，“止”即脚。“逐”字早期字形尚未固定，比如甲骨文第二字形从鹿，金文以后统一从豕。甲骨文第三字形从辵，金文沿袭，从辵与从止表意相同。从豕从止、从豕从辵的构形寓意是追逐野兽。在卜辞里，追人用“追”，追兽用“逐”。后世扩大使用范围，不拘追赶对象。“追”的构形寓意是追逐野兽，但作为词义或基本词义仍然应该理解为追逐、驱逐，引申为追求、追随、竞争等义。铭文有时用驱逐义，有时用作人名。参见“追”字条。

甲骨文作

金文作

小篆作

追

甲骨文第一字形上从，早期作屈折形，隶定作“𠂤”（duī），一般认为是古“堆”字，卜辞读“师”。下从止，“止”，足也。“追”字从止从𠂤可以理解为从止从师，会追逐敌军之意，“𠂤”兼作声符。第二字形累增“㫃”作意符，“㫃”即古“旗”字，此处代指军队，从㫃与从师表意相同。第三个是西周字形，从辵与从止表意相同。金文或从彳，或从辵，与从止表意相同。本义是追逐或追逐敌人，引申为追击、回溯、追念等义。卜辞或用本义。铭文或用追击、回溯、追念等义，或用作人名。

有学者认为，“𠂤”是古“堆”字，可能是指人工堆筑的堂基之类，则又与“殿”义相通。从语源角度看，“堆”“殿”“𠂤”与“师”音义相通，则“师”之名或即源自军旅驻扎。参见“逐”字条。

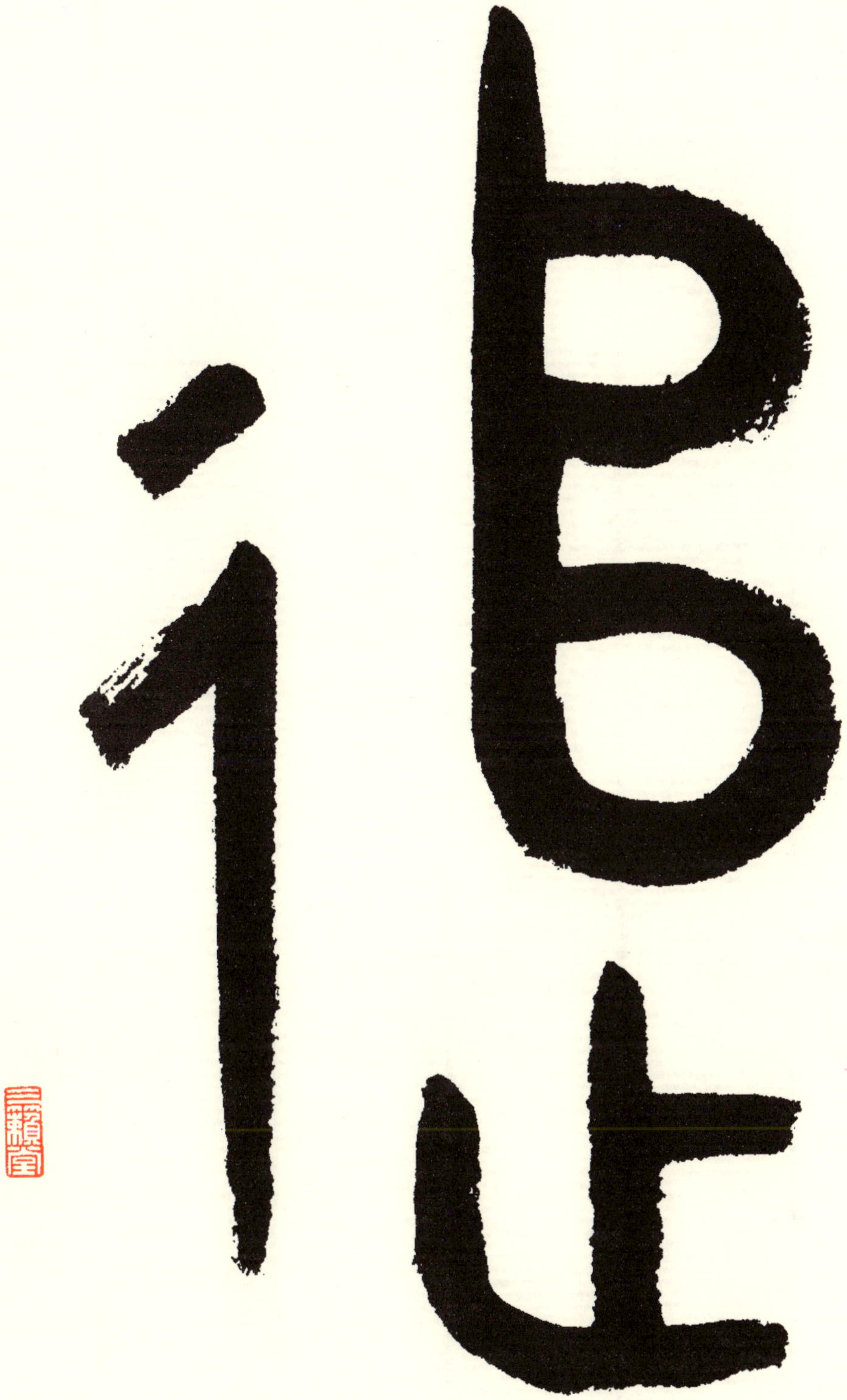

甲骨文作

金文作

小篆作

字

旧说以为从子在宀下会意，“子”兼声符。本义是生孩子、生育，引申为哺育、孳乳、繁衍等义。又指文字，因为文字学家认为，“字”是在“文”的基础上滋生出来的，故把“字”看成是“文”之子。“字”在铭文里有时用同“子”，有时用同“孳”，“子”“孳”“字”音义相因，语本一源。

字

金文作

小篆作

索引

A

B

R

S

X

DA MEI HANZI
大美汉字

图书在版编目（CIP）数据

大美汉字 / 徐超著．—桂林：广西师范大学出版社，2021.9
ISBN 978-7-5598-3870-4

Ⅰ．①大… Ⅱ．①徐… Ⅲ．①汉字—研究 Ⅳ．①H12

中国版本图书馆 CIP 数据核字（2021）第 106159 号

广西师范大学出版社出版发行
（广西桂林市五里店路 9 号　邮政编码：541004
网址：http://www.bbtpress.com）
出版人：黄轩庄
全国新华书店经销
苏州市越洋印刷有限公司印刷
（苏州市吴中区越溪街道南官渡路 20 号　邮政编码：215104）
开本：787 mm × 1 092 mm　1/16
印张：30.25　　　字数：120 千字
2021 年 9 月第 1 版　　2021 年 9 月第 1 次印刷
定价：378.00 元